Werkboek preventieve interventie
voor pleeg- en adoptieouders bij jonge kinderen
met een problematische gehechtheid

Kind en Adolescent Praktijkreeks
Dit Werkboek preventieve interventie voor pleeg- en adoptieouders bij jonge kinderen met een problematische gehechtheid hoort bij het Handboek preventieve interventie voor pleeg- en adoptieouders bij jonge kinderen met een problematische gehechtheid. Dit boek is bestemd voor psychologen, orthopedagogen, psychiaters en andere hulpverleners. Uitgeverij Bohn Stafleu van Loghum, Houten, 2015.

Bestellen
De boeken zijn rechtstreeks te bestellen via de webwinkel van uitgeverij Bohn Stafleu van Loghum te Houten: www.bsl.nl of via de boekhandel.

Werkboek preventieve interventie voor pleeg- en adoptieouders bij jonge kinderen met een problematische gehechtheid

Nieuwe ouder-kindrelaties

Marilene de Zeeuw

Carla Brok

Hans van Andel

Houten 2015

© 2015 Bohn Stafleu van Loghum, onderdeel van Springer Media
Alle rechten voorbehouden. Niets uit deze uitgave mag worden verveelvoudigd, opgeslagen in een geautomatiseerd gegevensbestand, of openbaar gemaakt, in enige vorm of op enige wijze, hetzij elektronisch, mechanisch, door fotokopieën of opnamen, hetzij op enige andere manier, zonder voorafgaande schriftelijke toestemming van de uitgever.

Voor zover het maken van kopieën uit deze uitgave is toegestaan op grond van artikel 16b Auteurswet jo het Besluit van 20 juni 1974, Stb. 351, zoals gewijzigd bij het Besluit van 23 augustus 1985, Stb. 471 en artikel 17 Auteurswet, dient men de daarvoor wettelijk verschuldigde vergoedingen te voldoen aan de Stichting Reprorecht (Postbus 3060, 2130 KB Hoofddorp). Voor het overnemen van (een) gedeelte(n) uit deze uitgave in bloemlezingen, readers en andere compilatiewerken (artikel 16 Auteurswet) dient men zich tot de uitgever te wenden.

Samensteller(s) en uitgever zijn zich volledig bewust van hun taak een betrouwbare uitgave te verzorgen. Niettemin kunnen zij geen aansprakelijkheid aanvaarden voor drukfouten en andere onjuistheden die eventueel in deze uitgave voorkomen.

ISBN 978 90 368 0758 6
NUR 777

Ontwerp omslag en binnenwerk: Studio Bassa, Culemborg
Automatische opmaak: Pre Press Media Groep, Zeist
Illustraties: Bart van der Kraan (bajo.nl), 's-Hertogenbosch

Bohn Stafleu van Loghum
Het Spoor 2
Postbus 246
3990 GA Houten

www.bsl.nl

Inhoud

Inleiding	7
Sessie 1 Thema: Kennismaking en video-opname	9
Sessie 2 Thema: Wie is mijn pleeg- of adoptiekind?	11
Sessie 3 Thema: Aandacht voor emotionele veiligheid	15
Sessie 4 Thema: Troosten bij woedebuien en afwezigheid	23
Sessie 5 Thema: Omgaan met signalen van onveiligheid en trauma	31
Sessie 6 Thema: Hoe kan ik vertrouwen geven?	41
Sessie 7 Thema: De rest van het gezin en je eigen valkuilen	51
Verder lezen voor geïnteresseerden	55
Over de auteurs	56
Overzicht sessies, thema's, agenda, middelen, huiswerkopdrachten en geleerde vaardigheden	58

Inleiding

Dit werkboek is bedoeld als een handreiking aan pleegouders en adoptieouders, om hen te helpen hun pleeg- of adoptiekind te begrijpen, zowel hun gedrag als hun onderliggende emoties. Dit is niet altijd gemakkelijk. Jonge pleegkinderen en adoptiekinderen laten soms gedrag zien dat moeilijk 'te lezen' is. Ook kinderen in andere nieuwe relaties, in een nieuwe omgeving, laten zich soms moeilijk lezen. Daarbij valt te denken aan kinderen met een nieuwe stiefouder of kinderen die in een groep in de jeugdhulpverlening geplaatst worden.[1]

Veel plaatsingen in een pleeggezin worden voortijdig afgebroken, om allerlei redenen. Hetzelfde geldt voor adoptierelaties, waar vaak lang wordt doorgezet, maar waar ook breuken kunnen ontstaan in de relatie. Dat is een pijnlijke en een nare ervaring voor het gezin en voor het kind. Bij het begin van de plaatsing of de adoptie was dit in ieder geval niet de bedoeling van pleegouders en adoptieouders, pleegkind of adoptiekind en hulpverleningsinstelling. Pleegouders en adoptieouders hopen juist hun pleegkind of adoptiekind een veilige plek te kunnen bieden, zodat het zich verder kan ontwikkelen. Vaak heeft het afbreken van de plaatsing te maken met de stress die een pleeg- of adoptiekind met zich meebrengt. De preventieve interventie voor pleeg- en adoptieouders bij jonge kinderen met een problematische gehechtheid (PIPA), zoals de hier gepresenteerde vorm van hulp heet, is ontwikkeld voor pleegouders en adoptieouders die problemen willen voorkomen met hun pleegkinderen of adoptiekinderen in de leeftijd van nul tot vier jaar. In de praktijk wordt de interventie ingezet bij een grotere leeftijdsgroep, van nul tot en met circa 11 jaar. De interventie is ook bij oudere kinderen prima bruikbaar.
De interventie is vooral bedoeld om een goede start met elkaar te maken, en laat zich uitstekend inzetten aan het begin van een pleeggezinplaatsing of adoptie. PIPA is een interventie voor pleeg- en adoptieouders en hun pleeg- of adoptiekind met als doel elkaar te begrijpen, te respecteren en een goede relatie met elkaar op te bouwen. PIPA maakt hierbij gebruik van uitleg over veilige en onveilige relaties en hoe je een veilige relatie bevordert tussen jou en je pleeg- of adoptiekind.[1]

Het opvangen en begeleiden van een jong kind dat nieuw in je gezin komt, is niet gemakkelijk en vraagt extra aandacht van jou als pleegouder. We hopen dat je na PIPA te hebben gedaan, beter kunt observeren, meer vaardigheden hebt om heftige emoties te hanteren bij het pleeg- of adoptiekind en bij jezelf (zoals verdriet, boosheid, angst en machteloosheid), en je meer emotioneel beschikbaar bent (zie uitleg bij sessie 2). Verder kun je beter aansluiten bij je pleeg- of adoptiekind, en heb je meer vaardigheden om het pleeg- of adoptiekind in zijn of haar ontwikkeling te stimuleren.
Voorafgaand aan PIPA zal de hulpverlener die de interventie met je uitvoert ter kennismaking bij je op bezoek komen.
De hulpverlener zal je vragen hoe het gaat en hoe de eerste weken verlopen zijn. Hij of zij maakt praktische afspraken over wanneer de sessies het best kunnen worden

---

[1] Om de leesbaarheid te vergroten, is ervoor gekozen om ons tot pleegouders en adoptieouders te richten. We doen dit in de 'jij'-vorm in de hoop daarmee de goede toon te treffen.

gehouden. Ook zal de hulpverlener een video-observatieopname maken om in PIPA te gebruiken.

De interventie PIPA zelf bestaat uit zeven bijeenkomsten. Een overzicht van de inhoud vind je voorin. De sessies vinden tweewekelijks plaats en duren een tot anderhalf uur, maar hier kan van worden afgeweken. Bij de sessies zijn de hulpverlener en bij voorkeur beide pleeg- en adoptieouders aanwezig.

Er wordt gebruikgemaakt van diverse middelen: uitleg, videoreflectie, huiswerk en oefeningen. Elk middel heeft zijn eigen symbooltje in het werkboek. De hulpverlener vertelt je elke sessie wat je voor de volgende keer moet lezen en wat je moet oefenen of observeren. Het werkboek dat voor je ligt, is bedoeld ter ondersteuning. Hierin kun je oefeningen en huiswerk maken en gespreksvragen beantwoorden. In het werkboek kun je naderhand teruglezen wat de hulpverlener heeft besproken en uitgelegd.

PIPA maakt gebruik van het boek *Er zijn voor je kind* van Brok en De Zeeuw (2008). Dit boek is te bestellen bij Uitgeverij Van Gorcum te Assen, ISBN 978 90 232 4401 1. Extra materiaal bij dit boek, waaronder filmpjes, geluidsfragmenten en de Cirkels van Veiligheid & Vertrouwen, vind je op onze website extras.springer.com.

PIPA is ontwikkeld als vervolg op de Pleegouder-Pleegkind Interventie (PPI). We weten inmiddels uit onderzoek van de PPI dat de interventie werkt. Resultaten zijn dat pleegouders beter zien met welke stress hun pleegkind het gezin binnenkomt, en hier beter op in kunnen spelen.

Sessie 1
Kennismaking en video-opname

Agenda

1. Kennismaking
2. Uitleg Doel preventieve interventie voor pleeg- en adoptieouders bij jonge kinderen met een problematische gehechtheid (PIPA)
3. Uitleg Werkwijze van de PIPA
4. Video-opname
5. Huiswerk

Kennismaking

Er is kennisgemaakt en er zijn praktische zaken besproken. Het is belangrijk dat het klikt. Heb je geen goed gevoel bij je hulpverlener, dan mag je dat aangeven en wordt er gekeken of dat kan worden opgelost. Hulp werkt pas als je je eigen gevoelens van onbehagen serieus neemt en oplost in gesprek en afstemming.

Doel van de preventieve interventie voor pleeg- en adoptieouders bij jonge kinderen met een problematische gehechtheid

Er is uitleg gegeven over de volgende twee doelen van de PIPA:
– beter slagen van de plaatsing (verminderen gedragsproblemen, verminderen stress bij het pleeg- of adoptiekind, vergroten van motivatie bij de ouders);
– versterken van de band tussen pleeg- of adoptieouders en pleeg- of adoptiekind door pleeg- of adoptieouders handvatten te bieden voor sturing en versterking van hun ouderlijke kwaliteiten, waarmee de vorming van een gezonde relatie met hun pleeg- of adoptiekind meer kans van slagen krijgt. We noemen dat het vergroten van de emotionele beschikbaarheid van de pleeg- of adoptieouder en daarmee de emotionele veiligheid voor het pleeg- of adoptiekind.

Werkwijze van de PIPA

Elke sessie gebruikt een vaste opbouw van middelen. Elke sessie heeft ook een eigen thema. De volgende middelen worden ingezet bij de PIPA:
- uitleg wat je kunt verwachten in deze sessie, welke vaardigheden we gaan oefenen en gesprekken we voeren;
- videoreflectie volgend op video-observatie; videoreflectie heeft tot doel je te stimuleren zelf na te denken over je rol als ouder en betekenis te geven aan wat er gebeurt tussen jou en je kind;
- aandachtsoefeningen: vanaf sessie 3 introduceren we oefeningen van de aandacht om je te helpen met observeren en in het hier en nu te blijven in contact met je kind;
- huiswerkopdrachten: leesopdrachten, observatieopdrachten en praktische opdrachten; we denken dat een bredere achtergrond je kan helpen om je kind nog beter te begrijpen;
- planning van de PIPA: hierna nog zes afspraken op variabele momenten.

Video-opname 1

Er is een video-opname gemaakt van jullie of jou samen met het pleeg- of adoptiekind.

Jullie is verteld dat het de bedoeling is om een goed beeld te krijgen van de relatie met jullie pleeg- of adoptiekind: 'Zo meteen zet ik de videocamera aan, met de bedoeling om jou als pleeg- of adoptieouder en je pleeg- of adoptiekind alsook jullie beginnende relatie goed in beeld te krijgen. Doe zoals jullie gewend zijn om te doen, zolang jullie samen maar in dezelfde ruimte blijven. Ik zal me nergens mee bemoeien en zo min mogelijk storend aanwezig zijn. Ik houd rekening met jullie (ik volg jullie), houd zo min mogelijk rekening met mij. De opname duurt circa 25 minuten. Verder is het fijn om jullie omgang met elkaar goed te bekijken, en de aanwezigheid van andere huisgenoten beïnvloedt die altijd. Gaat het lukken om echt jullie samen in beeld te krijgen?'

Huiswerk

– Leesopdracht: lees hoofdstuk 1 en 2 van Er zijn voor je kind.

Sessie 2
Wie is mijn pleeg- of adoptiekind?

Agenda

1. Huiswerk van de vorige keer
2. Uitleg Observeren
3. Uitleg Acceptatie van gevoelens
4. Videoreflectie
5. Huiswerk

Huiswerk van de vorige keer

Was het huiswerk van de vorige keer duidelijk?
Hebben jullie vragen over de inhoud?
Wat is jullie het meest bij gebleven?
Wat was voor jullie en jullie pleeg- of adoptiekind van betekenis?
Hoe zijn jullie ermee bezig?

_____
_____
_____
_____
_____

Observeren

Niets is zo onvoorspelbaar als een kind, en zeker een nieuw pleeg- of adoptiekind. Soms denk je dat je de boodschap van het kind wel begrijpt, maar blijkt die toch totaal anders te luiden. Je pleeg- of adoptiekind reageert raar of bijzonder. Of je neemt je voor om het op een verantwoorde manier aan te pakken, maar dat lukt niet omdat de situatie heel anders is dan je tevoren dacht. Waarom doet je pleeg- of adoptiekind zo als het doet? Maar wat zie je dan werkelijk? Zie je een kind dat alleen maar druk en ongeremd is, of zie je een kind dat zich geen raad weet met spanning? Zie je een verdrietig kind of zie je een kind dat zich terugtrekt omdat het niet weet hoe het zich moet gedragen? Wat zie je nu eigenlijk? En hoe kun je het goed zien? Daarvoor moet je observeren. Heel goed kijken dus.

Bekijk hoofdstuk 3 van *Er zijn voor je kind*. Op bladzijde 43 zie je de aandachtspunten voor observeren. Observeren is de eerste stap om emotioneel beschikbaar te kunnen zijn. Komende week gaan we letten op bijzonder gedrag van je pleeg- of adoptiekind. Maar eerst leggen we nog iets anders uit.

Acceptatie van gevoelens

Emoties zijn voor volwassenen al lastig – vaak weten we zelf al niet precies wat we voelen –, voor jonge kinderen is het nog lastiger om er woorden voor te vinden. Weten wat je zelf voelt, en dat gevoel accepteren, vergroot je emotionele beschikbaarheid. We bedoelen daarmee dat je met aanwezige aandacht, in het hier en nu, met alles wat in je vermogen ligt en met inachtneming van je eigen behoeften, je pleeg- of adoptiekind laat merken dat je beschikbaar bent. Beschikbaar voor alles wat er op dat moment is, hoe ingewikkeld ook. Je heet je pleeg- of adoptiekind welkom in je gezin, iedere dag weer. Je erkent en herkent je pleeg- of adoptiekind met alle gevoelens die je kunt waarnemen. Zonder daar iets van te vinden en zonder allerlei gedachten over de toekomst of het verleden. Je toont je begrip en acceptatie voor die gevoelens, gewoon, zoals ze er nu zijn. Gevoelens vertellen ons wat belangrijk is en wat niet, dat geldt voor jezelf, maar ook voor je pleeg- of adoptiekind. Je pleeg- of adoptiekind heeft nog een hoop te leren over het omgaan met zijn of haar gevoelens, want het heeft hierin veelal een flinke achterstand. Kinderen leren als er geluisterd wordt, als er vragen gesteld worden, als hun gevoelens er mogen zijn en als ze merken dat jij ze begrijpt. Maar je pleeg- of adoptiekind heeft andere ervaringen. Hij of zij zal niet altijd hebben ervaren dat volwassenen de tijd nemen om hem of haar te begrijpen. Daardoor kunnen pleeg- en adoptiekinderen hun gevoelens soms heel ingewikkeld tonen, en is het lastig hen direct te begrijpen. Ook het kind zelf heeft geen idee hoe het komt dat hij of zij zo ingewikkeld omgaat met boosheid, zenuwen of blijdschap. Daarom is het belangrijk dat je pleeg- of adoptiekind het volgende leert:
1. Elk gevoel is oké (maar niet elk gedrag is acceptabel).
2. Gevoelens, hoe moeilijk ook, deel je met elkaar.
3. Gevoelens zwakken af en gaan weer voorbij.
4. Pijn, verdriet, boosheid; ze horen bij het leven.

Tijdens de interventie zal deze vaardigheid van het begrijpen en accepteren van gevoelens steeds terugkomen. We denken dat observeren én accepteren van gevoelens bij jezelf en je pleeg- of adoptiekind de voorwaarden zijn voor echte verbondenheid of werkelijk contact. Daarom gaan we nu in op hoe je de gevoelens van je pleeg- of adoptiekind kunt accepteren. Zie daarvoor het kader met Spelregels voor het accepteren van gevoelens.

Videoreflectie

We hebben vandaag twee korte fragmenten bekeken van de eerste video-opname. Per videofragment is stilgestaan bij wat beide pleeg- en adoptieouders afzonderlijk zien en wat het pleeg- of adoptiekind zou kunnen voelen en denken, en welke signalen het kind lichamelijk laat zien.

Huiswerk

- Leesopdracht: lees hoofdstuk 3 en 4 van *Er zijn voor je kind*.
- Observatieopdracht: observeer elke dag het gedrag van je pleeg- of adoptiekind en registreer wat je daaraan is opgevallen. Dat kan probleemgedrag zijn of bijzonder gedrag, maar dat hoeft niet. Je kunt denken aan allerlei situaties: eten, slapen, zindelijkheid, driftbuien, angsten, verdriet of verwarring. Je kunt hiervoor de registratieformulieren gebruiken.
- Praktische opdracht: oefen met het accepteren van gevoelens op een vastgesteld moment. Start in een rustige situatie waarin je je pleeg- of adoptiekind duidelijk kunt maken dat je hem of haar begrijpt. Begin in een situatie waarin je beiden op je gemak bent.

Spelregels voor observeren

1. Als je wilt weten wat er in je pleeg- of adoptiekind omgaat, neem dan de tijd om op je pleeg- of adoptiekind te letten. Of neem de tijd voor een gesprekje of spelletje.
2. Geef woorden aan wat er gebeurt. Vertel hardop wat je ziet, denkt of voelt, bij jezelf en bij de ander. Maak er een verhaal van.
3. Het is heel wezenlijk om je pleeg- of adoptiekind aan te kijken.
4. Bedenk wat er in het hoofd van je pleeg- of adoptiekind omgaat en stem je op hem of haar af.
5. Let op de lichaamstaal van je pleeg- of adoptiekind: op subtiele wijze (met ogen, gezicht, lijf, stem) vragen kinderen vaak om aandacht, troost, aanraking, vastgehouden te worden, losgelaten te worden, hun eigen gang te gaan, jouw steun.

Spelregels voor het accepteren van gevoelens

1. Probeer echte aandacht voor je pleeg- of adoptiekind te hebben, zonder iets te moeten en zonder iets te willen.
2. Kijk je pleeg- of adoptiekind aan, doe ondertussen geen andere dingen en toon oprechte interesse door los van je eigen gedachten, te kijken wat er zich voordoet.
3. Denk na over wat er in je pleeg- of adoptiekind omgaat.
4. Benoem in woorden wat je ziet: 'Ik zie dat je huilt. Ben je zo verdrietig?' 'Ik zie dat je heel boos bent ...' 'Ik zie aan je gezicht dat je dit helemaal niet leuk vindt.'
5. Imiteer de lichaamshouding en gezichtsuitdrukking van je pleeg- of adoptiekind een beetje.
6. Verhelder wat er gebeurt door een verband te leggen tussen de gevoelens en de voorafgaande situatie: 'Je bent ... omdat je (gevallen bent, niet nog een koekje krijgt, dacht dat mamma wegging).'
7. Los niets op, ga niets uit de weg, wees aandachtig aanwezig.
8. Probeer oordelen los te laten. Het zijn gedachten, die niet waar hoeven te zijn.

OBSERVATIEOPDRACHT: OBSERVATIE VAN PROBLEEMGEDRAG

Datum en tijd	Situatie (met elkaar aan tafel, met de buurvrouw naar de winkel, voorlezen/bedtijd)	Gedrag van je pleeg- of adoptiekind (huilen, schreeuwen, terugtrekken)	Gevoel van je pleeg- of adoptiekind (boos, bang, blij, verdrietig, verward)	Vermoedelijke gedachten van je pleeg- of adoptiekind (Wat bedoelt die mevrouw? Ik wil … Ik voel me afgewezen! Ik snap 't niet)	Gedrag van de pleeg- of adoptieouder (Wat was je eigen reactie: negeren, terugschreeuwen, uitleg geven, op de gang zetten, begrip tonen)
(vrijdag, 16.15 uur)					

Sessie 3
Aandacht voor emotionele veiligheid

Agenda

1. Huiswerk van de vorige keer
2. Uitleg Aandachtig zijn
3. Oefening van de aandacht
4. Videoreflectie
5. Voorbespreking van de video-opname in sessie 4
6. Huiswerk

Huiswerk van de vorige keer

Was het huiswerk van de vorige keer duidelijk?
Hebben jullie vragen over de inhoud?
Wat is jullie het meest bij gebleven?
Wat was voor jullie en jullie pleeg- of adoptiekind van betekenis?
Hoe zijn jullie ermee bezig?

Aandachtig zijn

In deze sessie hebben we het gehad over de vaardigheid van 'aandachtig zijn'. Wat gebeurt er met jou, hier, op dit moment? Aandachtig zijn is een vaardigheid die getraind kan worden. In iedere volgende sessie zullen we daarom een oefening laten terugkeren, om de aandacht 'erbij' te houden en te trainen.

Ouder-zijn van een jong kind betekent sowieso stress, vermoeidheid, aanpassen, routine, ritme en sleur. Er gebeuren misschien wel dingen die je nooit voor mogelijk had gehouden. Het schiet er soms bij in om aandacht voor jezelf te hebben ('Hé, wat voel ik nou, wat zijn mijn gedachten daarover?') of na te denken ('Waar herinnert mij dat aan?'). Vaak moet er gehandeld worden en doe je dat automatisch.

Als je emotioneel in balans bent, ben je op je gemak. Je stemt je af op de ander en je voelt je begrepen. Kinderen kunnen die balans verstoren, pleeg- en adoptiekinderen wellicht nog meer. Bij hen zijn eigen gewoontes ingeslepen, die totaal anders kunnen zijn dan de jouwe. Dat kan wat prikkelingen geven, misschien ergernis wekken of je zelfs uit het lood slaan. Je kunt dan de neiging hebben de oorzaak van die gevoelens van ongenoegen toe te schrijven aan je pleeg- of adoptiekind.

Je bent echter zelf verantwoordelijk voor je eigen gevoelens, hoe begrijpelijk en lastig ook. Je pleeg- of adoptiekind zal iets bij je oproepen waarvan het zelf ook geen weet heeft. Je pleeg- of adoptiekind heeft jou nodig om zichzelf te begrijpen.
Emoties mogen er altijd zijn, van jou en van een ander. Maar wat gebeurt er nu eigenlijk als je pleegkind weigert zijn lippen van elkaar te doen om die boterham op te eten? Weigert hij te eten? Of doet hij zijn lippen niet van elkaar? Of als je pleegkind je niet aankijkt tijdens een gesprek? We zijn zo gewend om gedrag snel te verklaren. Maar begrijpen we het nu echt? Wat we weten, is wat we zien. De lippen zijn op elkaar. Misschien heeft dat met de boterham te maken, maar misschien ook niet. Een kind dat gedwongen wordt je aan te kijken, zal zorgen dat het nog steeds niets ziet. Een kind dat open en ongedwongen is, zich vrij voelt en uitgenodigd wordt, zal je aankijken.

Aandachtig zijn kan je helpen om te ontdekken: hoe gaat het met mij? Daardoor kun je beter je koers bepalen. Hoe meer jij weet hebt van je eigen gevoelens en gedachten, hoe meer het pleeg- of adoptiekind zal kunnen profiteren van je aanwezigheid. Dat geeft rust. Elkaar niet begrijpen, of geen raad weten met onrust, zorgt vaak voor spanningen en tranen, en leidt soms tot een scene. Daarin wordt vaak gezegd wat het kind moet doen ('Kijk me aan!'), wordt het terecht gewezen ('Ik heb het nu al zo vaak tegen je gezegd.') en wordt er soms met stemverheffing gepraat ('Hoor je me????'). Helaas komt de boodschap dan niet meer over. Zoals in een aquarium waarin flink gewoeld is. Dat geeft vertroebeling waardoor de vissen en het groen nauwelijks meer te onderscheiden zijn. Alleen door rust zal het water weer helder worden. Je pleeg- of adoptiekind zul je pas weer kunnen bereiken door op sommige momenten simpelweg even niets te doen. Alleen de tijd nemen en aanwezig zijn. Aandachtig te zijn. Hierdoor worden de zichzelf herhalende patronen van gedrag gestopt en kan opnieuw gestart worden met wederkerig contact maken. Maar tegelijk ook met behoud van contact. Pas op! Dit is wat anders dan vijandig zwijgen. De dan aanwezige boosheid houdt het water troebel!
Aandachtig zijn kan je helpen om ruimte te scheppen. Ruimte om keuzes te maken. Ruimte om na te gaan wát je voelt, denkt en vindt, in plaats van in een reflex te reageren op je pleeg- of adoptiekind. Stel, je bent boos. Van je oren tot je tenen voel je die boosheid. Je zit dan echt ín het boze gevoel. Je voelt het in je lijf, je voelt de druk op je keel of in je buik, er komen gedachten op als 'hier gaan we weer!' en 'denk aan vorige week'. Als je aandachtig bent, observeer je, neem je waar, dát je boos bent. In plaats van dat je er middenin zit, voel je de boosheid zonder dat jezelf het middelpunt bent. Je gaat als het ware even een stapje achteruit. Dat geeft ruimte. Je voelt de boosheid, maar je bent niet de boosheid. Je merkt gedachten op, maar je bent niet de gedachte.

Gedragingen van je jonge kind zijn niet altijd gemakkelijk te begrijpen. Gedachten kunnen met je op de loop gaan – van de ene gedachte komt de andere – en je meenemen uit het moment van nu. Omdat je je zorgen maakt over de toekomst of omdat het herinneringen oproept aan datgene wat geweest is. Allemaal gedachten die je weghalen uit wat er nu is. Oefenen in aandachtig zijn in het hier en nu maakt dat je meer open leert staan voor wat er op dit moment is. 'Hé, ik heb gedachten hierover, hé, ik heb gevoelens daarover.' Je bent niet langer de gedachten (bijvoorbeeld: 'Hij daagt me uit!'), de gevoelens (bijvoorbeeld van onbehagen of irritatie) of de emoties (bijvoorbeeld boosheid of verdriet). Je kijkt en ervaart, nieuwsgierig en met een open blik. Je gevoelens, gedachten, emoties en sensaties nemen je niet langer mee, maar je kunt je aandacht houden bij wat er zich bij je voordoet.

> *Sierre van zes maanden heeft bijna de hele nacht gehuild. Uiteindelijk is ze om zes uur in slaap gevallen. Om half acht schrikt ze wakker en jammert. De pleegouders twijfelen. Wat is er toch aan de hand? Ze lopen naar haar bedje. Geen koorts. 'Je zou nog even moeten slapen Sierre.' Sierre blijft doorjammeren. 'Dan toch nog maar een flesje?' Sierre drinkt haar flesje half op, maar ligt stil en rustig op de arm van de pleeg. En begint te huilen zodra ze weer in haar bedje ligt.*
> *Hoe kunnen we Sierre begrijpen?*

Aandachtig zijn is nodig om beter te kunnen observeren en om emotioneel beschikbaar te kunnen zijn. Door aandachtig te zijn kun je weer beter gebruikmaken van je eigen probleemoplossend vermogen. Je kunt weer gebruikmaken van je krachten en schept ruimte voor keuzes. Je eigen wijsheid. Welke emoties neem je waar? Wat zijn je gedachten? Tot welke handelingen ben je geneigd? Gun jezelf om de stilte in te gaan. Niet door iets op te zoeken, niet door iets buiten te sluiten. Laat alles er maar zijn, het is er tenslotte toch al. Zoals mieren hun eigen weg altijd weer zoeken en door blijven lopen, zonder hinder te ervaren van een obstakel. Het obstakel maakt de weg voor de mieren ogenschijnlijk anders, maar niet ongewoon. We hoeven niets te regelen, te ordenen, te bepalen. Heb aandacht voor het nu, open en nieuwsgierig.

> *Als ziekte is uitgesloten, de luier verschoond en de honger gestild is, tilt de pleegouder Sierre op. 'Och, kindje. Moet jij zo huilen. Kom maar, laat me eens even horen.' De pleegouder wikkelt Sierre in een warme doek, neemt hem tegen zich aan en wandelt rustig door het huis. 'Ik hoor je.' De pleegouder voelt de spanning in het lijfje zachtjes verminderen. Heel langzaam valt Sierre in slaap.*

Oefening van de aandacht

We hebben twee korte filmfragmenten gekozen om de aandacht te oefenen – je kunt deze onder naam *Muziek A* en *Muziek B* terugkijken op extras.springer.com. Daarbij hebben we een oefening gedaan om de aandacht te scherpen. Je zult merken hoe snel je afgeleid wordt door dat wat je vindt, of wat je denkt wat anderen zullen vinden, of door andere 'slimme' afleidingsmanoeuvres.

Bij het huiswerk zit een oefening van de aandacht. Aandacht is als een spier. Spieren worden gemakkelijker in het gebruik en sterker als je regelmatig oefent! Probeer het maar. Het zal je helpen om scherper waar te nemen en om meer gebruik te maken van je innerlijke wijsheid.

Spelregels om oefeningen van de aandacht (samen) uit te voeren

- Plek: 'Een plek vinden waar je gedurende een aantal minuten de oefeningen het best kunt doen, is een belangrijke voorwaarde. Maak je daarbij niet te druk over omgevingsgeluiden. Tijdens de oefeningen wordt uitleg gegeven hoe je daar mee zou kunnen omgaan. Maar misschien vind je het aan het begin gemakkelijker om een rustige omgeving te zoeken, waar je minder snel gestoord zult worden (telefoon, hongerige kinderen, etc.). Je hoeft geen nieuwe omgeving te creëren. Zoek een plaats in je dagelijkse omgeving waar je even niet gestoord hoeft te worden. Als je steeds weer oefent op dezelfde plaats, zul je daar gemak van ondervinden.'
- Tijdstip: 'Welke dag of plaats je kiest, bepaal je zelf. Je moet soms wat flexibel zijn. Het is aan te raden om de oefeningen 's morgens te doen. Het is een mooie manier om de dag te beginnen.'
- Voorbereiden op afdwalen: 'De geest kan onvoorspelbaar zijn. Op sommige dagen zullen de oefeningen gemakkelijk en prettig zijn, andere keren lastig en moeilijk. De behendigheid zit erin om daar iedere keer gewoon bij te blijven. Hoe het ook voelt. Het zal je helpen om de werking van aandacht en afleiding beter te begrijpen.'
- Zithouding: 'Zorg dat je comfortabel zit. Gewoon op een rechte stoel, voeten plat op de grond en je handen in je schoot of op je benen. De rug recht, maar niet overstrekt. Gebruik eventueel een kussentje om de rug wat te ondersteunen.'
- Samen of alleen: 'Je kunt oefeningen van de aandacht alleen of samen met je kind uitvoeren. Als je besluit je kind te betrekken is het goed om rekening te houden met het feit dat kinderen een kortere aandachtsspanne hebben dan volwassenen. Ze vinden het fijner om de aandacht te richten op een externe prikkel, bijvoorbeeld iets zien, iets horen of iets voelen. Houd er rekening mee dat je kind moet wennen aan de oefeningen en dat je de eerste keren mogelijk sneller zult afbreken dan wanneer je de oefening alleen zou doen. Als je je kind met z'n rug tegen jouw buik zet, of met z'n hart tegen jouw hart, weten we dat de hartslag van je kind zich binnen een seconde aanpast aan die van jou. Een mooie reden om te onderzoeken wat je met oefeningen van de aandacht kunt in jullie relatie. Dat betekent namelijk dat je kind zo rustig wordt als jij.'

Videoreflectie

Doel van deze videoreflectie is het versterken van de vaardigheid van de pleeg- of adoptieouder om zijn eigen gedachten en gevoelens te observeren, om zijn aandacht op zichzelf te richten.
De interventiewerker heeft samen met jou of jullie twee korte fragmenten teruggekeken van situaties van lichte stress.

Voorbespreking van de video-opname in sessie 4

Setting van de video-opname: een ongestructureerde situatie, waarin de kans op een onveilige, gestreste of getraumatiseerde reactie van het kind het grootst is. Dat kan zijn: samen spelen op de vloer, met een aantal mensen bij elkaar zijn, drukte. Het is handig om de situatie te kiezen waarmee jij als pleeg- of adoptieouder het meest worstelt; waarschijnlijk zal het pleeg- of adoptiekind daarin de meeste stress vertonen.

Huiswerk

- Leesopdracht: lees hoofdstuk 7 van *Er zijn voor je kind*.
- Oefening van de aandacht: doe een van de oefeningen van de aandacht, zoals *de 1 minuutmediatie, Bewegen met de adem* of het opnieuw bekijken van *Muziek A* en *Muziek B*. Als het je helpt, kun je na afloop de vragen beantwoorden.
- Observatieopdracht: blijf doorgaan met het elke dag observeren en registreren van opvallend gedrag van je pleeg- of adoptiekind. Dat kan probleemgedrag zijn, of bijzonder gedrag, maar dat hoeft niet. Je kunt denken aan allerlei situaties: eten, slapen, zindelijkheid, driftbuien, angsten, verdriet en verwarring. Deze week noteer je ook welk gevoel en welke gedachte dat gedrag bij jouzelf opriep. De oefening van de aandacht helpt je hierbij.
- Praktische opdracht: blijf doorgaan met het accepteren van gevoelens.

Bekijken van Muziek A en Muziek B

We laten je nu twee filmfragmenten zien. We willen je vragen aandacht te hebben voor je gedachten, gevoelens en lichamelijke sensaties.
Bekijk en beluister de beide opnames aandachtig.

- Wat merkte je op bij *Muziek A*?
  - Gedachten?
  - Geluiden?
  - Lichamelijke sensaties?

_____
_____
_____

- Wat merkte je op bij *Muziek B*?
  - Gedachten?
  - Geluiden?
  - Lichamelijke sensaties?

_____
_____
_____

Uitleg

Gedachten beïnvloeden je stemming en andersom. Wanneer je in een depressieve stemming bent, zullen je gedachten vervuld zijn van wanhoop, cynisme en negativiteit. Zaken waar je in een neutrale stemming op een bepaalde manier over zou denken, komen in een ander licht te staan wanneer je in een depressieve stemming bent. Wanneer je juist in een zonnig humeur bent, lijken soms al je zorgen minder ernstig en zijn je gedachten over de toekomst hoopvol en positief. Op die manier bepaalt je gemoedstoestand de inhoud van je gedachten. Andersom beïnvloeden je gedachten ook je stemming en emoties. Negatieve gedachten leiden tot een negatieve stemming. Positieve gedachten maken over het algemeen dat je stemming positief is.

Bekijken van (en meedoen met) de Eén-minuutmeditatie:
https://www.youtube.com/watch?v=F6eFFCi12v8

Bekijk de opname aandachtig.
- Wat merkte je op bij de Eén-minuutmeditatie?
    - Gedachten?
    - Geluiden?
    - Lichamelijke sensaties?

_____

_____

_____

Oefening van de aandacht – Bewegen met de adem

'Zitmeditatie met aandacht voor de ademhaling' is een basisoefening voor wie wil leren bewuster te leven. Je leert om tien minuten lang niets te doen, alleen maar te zitten en opmerkzaam te zijn. Je hoeft alleen maar de instructies te volgen, dan gaat het vanzelf. Je gaat rustig te zitten. Ontspan je en sta je zelf toe om met aandacht naar je lichaam te gaan.

- Neem een moment om even te gaan zitten. Het maakt niet uit of je op een stoel of op de grond zit. Doe wat je het beste past. Op een stoel zit je met beide voeten op de grond. De handen en armen losjes in de schoot of op de benen.
- Je kunt beginnen met je ogen open, met een zachte focus, zodat je je nog net bewust bent van je omgeving. Haal even een diepe teug lucht naar binnen. Laat de lucht via de neus naar binnen stromen en via de mond weer naar buiten. Breng bij de inademing de aandacht naar je borstkas. Merk hoe de spieren zich aanspannen als de longen zich vullen met lucht. En als je uitademt, merk dan op hoe het lichaam weer zachter wordt als het zich ontspant. Als je nu een paar keer zo ademt, doe dat dan hoorbaar voor iemand die naast je zou zitten. Alleen voor deze paar keer. Dus inademen via de neus en uitademen via de mond.
- Laat nu langzaam je oogleden zakken en sluit je ogen. Voel het gewicht van je lichaam zoals het drukt op de stoel en op de grond. Voel je de druk vanuit het midden van je lichaam? Of misschien wat meer van rechts of links?
- Voel de sensatie van je voetzolen in het contact met de vloer. En ook die van je armen en je handen in het contact met je benen of je schoot. Zo breng je aandacht in je lichaam, door opmerkzaam te zijn op alle sensaties die er nu zijn.
- Richt nu je aandacht op geluiden. Geluiden staan soms rust in de weg, maar in deze oefening gebruiken we de geluiden. Richt je aandacht de komende twintig seconden op de verschillende geluiden om je heen.
- En breng dan je aandacht terug naar je lichaam. Hoe voelt je lichaam op dit moment? Vaak zijn we zo druk met van alles, dat we nauwelijks tijd hebben om ons dat af te vragen. Hoe voelt je lichaam op dit moment? Gebruik de komende dertig seconden om na te gaan hoe je lichaam voelt. Begin bij je kruin en ga dan naar je hoofd, nek, schouders, borst, buik, rug, billen, benen, knieën, onderbenen, enkels, voeten en ten slotte je tenen. Hoe voelt het daar? Wat merk je op? Is het gespannen? Warm of koud? Je hoeft er niets van te vinden. Je hoeft het alleen maar op te merken. Zoals het nu is. Zonder iets te willen veranderen.
- Het ademen heeft een golvende beweging. Waar kun je die beweging voelen in je lichaam? Misschien in je buik? Je borst, of je schouders? Je hoeft niets te veran-

deren. Het mag er zijn, in zijn eigen ritme, op zijn eigen tijd. Heb aandacht voor het ritme van de adem. Is de adem lang of kort? Diep of oppervlakkig? De adem is goed zoals die is. De beweging kan je helpen om je aandacht bij de adem te houden. Is er een pauze tussen het in- en uitademen en tussen uitademen en inademen? Laat de adem zichzelf ademen.
- Het is heel gewoon dat de aandacht naar gedachten of emoties gaat. Dat is oké. Het is gewoon wat jouw geest doet. Merk dit op en breng de aandacht weer terug naar de beweging van de adem.
- Hoe vaak je ook afdwaalt, begin steeds weer opnieuw. Dit terugbrengen van de aandacht hoort bij de oefening. Wees dus vriendelijk voor jezelf.
- Laat nu de komende minuut alles even los. Laat de aandacht even gaan. Neem een moment om de aandacht te laten doen wat zij wil. Als zij wil denken, laat haar denken. Als zij druk wil zijn, laat haar druk zijn. Je hoeft haar niet te sturen of te controleren. Laat de aandacht doen wat zij wil.
- Breng dan de aandacht vriendelijk terug naar je lichaam. Voel het contact dat je lichaam maakt met de stoel, je voeten met de vloer, de armen met je benen. Breng aandacht naar de geluiden om je heen. En breng jezelf weer terug naar de omgeving om je heen. En op je eigen tijd mag je je ogen opendoen en misschien even bewegen.
- En, hoe voelt het om even tien minuten te zitten en niets te doen?

_____

_____

_____

- Wat merkte je op bij;
  - Gedachten?
  - Geluiden?
  - Lichamelijke sensaties?

_____

_____

_____

OBSERVATIEOPDRACHT: OBSERVATIE VAN PROBLEEMGEDRAG EN JE EIGEN REACTIE

Datum en tijd (vrijdag, 16.15 uur)	Situatie (met elkaar aan tafel, met de buurvrouw naar de winkel, voorlezen bij het bedritueel)	Gedrag van je pleeg- of adoptiekind (huilen, schreeuwen, terugtrekken, stilvallen, clownesk rondlopen)	Gevoel van je pleeg- of adoptiekind (boos, bang, blij, verdrietig, verward)	Vermoedelijke gedachten van je pleeg- of adoptiekind (Wat bedoelt die mevrouw? Ik wil.... Ik voel me afgewezen! Ik snap 't niet)	Gedrag van de ouder (Wat was je eigen reactie: negeren, terugschreeuwen, uitleg geven, op de gang zetten, begrip tonen)	Gevoel van jezelf (boos, bang, blij, verdrietig, verward)	Gedachten van jezelf (En nu luisteren! Ik voel me afgewezen! Ik snap hem/haar niet. Laat maar, volgende keer beter)

Sessie 4
Troosten bij woedebuien en afwezigheid

Agenda

1. Huiswerk van de vorige keer
2. Uitleg Kalmeren
3. Uitleg Repareren
4. Oefening van de aandacht
5. Video-opname stresssituatie
6. Huiswerk

Huiswerk van de vorige keer

Was het huiswerk van de vorige keer duidelijk?
Hebben jullie vragen over de inhoud?
Wat is jullie het meest bij gebleven?
Wat was voor jullie en jullie pleeg- of adoptiekind van betekenis?
Hoe zijn jullie ermee bezig?

_____
_____
_____

Kalmeren

We hebben het vandaag gehad over wat kalmeren inhoudt.
Als pleeg- of adoptieouder wordt er van je verwacht dat je groter, ouder, wijzer en aardig bent. Dat betekent dat je je pleeg- of adoptiekind leert dat alle gevoelens er mogen zijn en dat zij geen van die gevoelens uit de weg gegaan hoeven te gaan. We legden dit al eerder uit in sessie 1, bij de vaardigheid Accepteren van gevoelens.
In veilige relaties worden positieve gevoelens gedeeld en negatieve gevoelens verminderd of gesust voor zover dat mogelijk is. Op die manier ontwikkelen kinderen als het ware verdraagzaamheid ten aanzien van de gevoelens die in hen omgaan. Deze verdraagzaamheid wordt ook wel frustratietolerantie genoemd. Kinderen zullen geleidelijk steeds beter tegen heftige gevoelens kunnen, of met heftige gevoelens beter om kunnen gaan.
Pleeg- of adoptiekinderen zijn daar vaak nog niet zo goed toe in staat en zijn extra gevoelig. Dat heeft te maken met de onveilige relaties die ze veelal gehad hebben. Veel pleeg- of adoptiekinderen zijn in zekere mate verwaarloosd. Dat betekent dat er onvoldoende op hen is gelet en dat hun gevoelens matig of niet werden begrepen. Daarnaast hebben veel pleeg- of adoptiekinderen ook veel verwarrende ervaringen gehad in eerdere relaties met volwassenen in hun leven, bijvoorbeeld boze gezichten, schreeuwen, afwijzing, plotselinge veranderingen, inconsequent en grillig gedrag, of afwezigheid. Dat merken de ouders van pleeg- of adoptiekinderen vaak aan hun

gevoeligheid, of juist schijnbare ongevoeligheid, daarvoor in hun huidige leven. Pleeg- of adoptiekinderen zijn ook vaak gevoelig voor dingen waar buitenstaanders de logica niet van begrijpen, omdat kleine dingen in hun leven gekoppeld zijn aan nare ervaringen in het verleden.

Veel pleeg- of adoptiekinderen weten dan ook niet wat ze meemaken als pleeg- en adoptieouders rustig, plezierig, respectvol en benaderbaar blijven. Het kan bij hen leiden tot onbegrip en grote verwarring. Iets wat voor de pleeg- en adoptieouders misschien heel gewoon is, is voor het pleeg- of adoptiekind mogelijk zeer ongewoon en misschien wel bedreigend. Het is goed je te realiseren dat elkaar niet bereiken te maken kan hebben met onvermogen van het kind om toe te laten dat het er anders aan toe kan gaan in het pleeggezin en dat er nu een nieuwe, andere situatie is dan dat het kind gewend was. Het is belangrijk om een idee te hebben wat je pleeg- of adoptiekind overstuur maakt, zodat je de reactie kunt plaatsen en tegenover het kind kunt verwoorden welke betekenis die heeft.

Welke manier van reageren heeft jullie pleeg- of adoptiekind weleens, op voor jullie onverwachte momenten?

Wat doe je meestal in zo'n geval?

Repareren

We hebben gesproken over hoe je de relatie met je pleeg- of adoptiekind kunt herstellen. De werkelijkheid is dat geen enkele ouder perfect is, en ook geen enkele pleeg- of adoptieouder. Je maakt vergissingen, je slaat de plank mis, je bent razend of je negeert je pleeg- of adoptiekind de rest van de dag, zo zat ben je hem of haar. Dit gebeurt, ondanks al je goede bedoelingen bij de plaatsing, en elke ouder en elke pleeg- of adoptieouder weet dit. Niets menselijks is pleeg- en adoptieouders vreemd. Juist pleeg- of adoptiekinderen zijn ook soms feilloos in staat om je pijnlijke plekken te raken. Dit zijn vaak ook de kwetsbare plekken van je pleeg- of adoptiekind zelf: afwijzing, verlating, afscheid, verlies, angst voor boosheid.

Het overkomt ons allemaal dat we fouten maken. En juist daarom is het belangrijk om de relatie te repareren. Want hoe actiever je daarin bent, hoe meer dit een kans wordt in plaats van een mislukking. Je pleeg- of adoptiekind leert van jou hoe relaties weer hersteld kunnen worden, in plaats van alleen maar afgebroken. Daarom staan verderop de stappen om de relatie met je pleeg- of adoptiekind te repareren.

Video-opname

Setting van de video-opname: een ongestructureerde situatie, waarin de kans op een onveilige, gestreste of getraumatiseerde reactie van het kind het grootst is. Dat kan zijn: samen spelen op de vloer, met een aantal mensen bij elkaar zijn, drukte. Het is handig om een situatie te kiezen waarmee jij het meest worstelt, waarschijnlijk zal het pleeg- of adoptiekind daar de meeste stress vertonen.

Huiswerk

- Leesopdracht: lees hoofdstuk 5 van *Er zijn voor je kind*.
- Oefening van de aandacht: oefen om de dag de Drie-minutenademruimte of kijk Edinburgh op extras.springer.com. Als het je helpt, kun je na afloop de vragen beantwoorden.
- Observatieopdracht: blijf doorgaan met het elke dag observeren en registreren. Maar we gaan nu de momenten registeren waarin je hebt gekalmeerd en gerepareerd. We blijven opletten welk gevoel en welke gedachte dat bij jezelf opriep. De oefening van de aandacht helpt je hierbij.

Bekijken van Edinburgh

Bekijk de opname aandachtig.
- Wat merkte je op?
  - Gedachten?
  - Geluiden?
  - Lichamelijke sensaties?

_____

_____

_____

Drukke situaties, zoals bedoeld bij deze opname, zorgen vaak voor onrust. Gedachten komen en gaan, nemen ons mee en brengen ons niet altijd weer terug. Zo werkt dat. Niets om je voor te schamen, maar wel iets om op te merken. Want onrust brengt je soms op een dwaalspoor, of laat je dingen doen die je misschien anders nooit had gedaan. Het is dus belangrijk om aandacht te hebben voor dit moment.

Tweede oefening van de aandacht – samen

We gaan nog een oefening van de aandacht doen. De oefening van de aandacht is bedoeld om te leren open te observeren en rust te nemen, in het besef dat gedachten er altijd zijn, maar dat ze niet altijd even belangrijk zijn. Waar het om gaat is je reactie op een gedachte. Kun je dingen aanvaarden? Of verzet je je ertegen? Hoe meer je kunt accepteren dat iets er is en gebeurt, zonder er iets aan te willen veranderen, hoe meer je je aandacht kunt houden bij wat er op dit moment is.

- Neem een moment om even te gaan zitten. Het maakt niet uit of je op een stoel of op de grond zit. Doe wat je het beste past. Op een stoel zit je met beide voeten op de grond. De handen en armen losjes in de schoot of op de benen.
- Laat je oogleden wat zakken zodat je ogen met een zachte focus de omgeving waarnemen. Haal even een diepe teug lucht naar binnen. Laat de lucht via de neus naar binnen stromen en via de mond weer naar buiten. (1 min.)
- Breng bij de inademing de aandacht naar je borstkas. Merk hoe de spieren zich aanspannen als de longen zich vullen met lucht. En als je uitademt, merk dan op

hoe het lichaam weer zachter wordt als het zich ontspant. Als je nu een paar keer zo ademt, doe dat dan hoorbaar voor iemand die naast je zou zitten. Alleen voor deze paar keer. Dus inademen via de neus en uitademen via de mond. Voel je het natuurlijke ritme van de ademhaling?
- Met de volgende uitademing laat je langzaam je oogleden verder zakken en sluit je je ogen. Voel het gewicht van je lichaam zoals het drukt op de stoel en op de grond. Voel de sensatie van je voetzolen in het contact met de vloer. En ook die van je armen en je handen in het contact met je benen of je schoot.
- Richt tegelijkertijd je aandacht op geluiden. Gebruik de geluiden in de oefening. Merk de beweging op van de geluiden. Richt de komende zestig seconden je aandacht op de verschillende geluiden om je heen. Voel de 'beweging' die de geluiden maken.
- En breng dan je aandacht terug naar je lichaam. Hoe voelt je lichaam op dit moment? Breng aandacht in je lichaam. En als je zover bent, gebruik dan de komende minuut om na te gaan hoe je lichaam voelt, het te scannen als het ware. Van je kruin tot je tenen. Wat neem je waar? Sta toe dat gedachten komen en gaan, maar blijf bij de intentie om te scannen hoe je lichaam voelt. Voelt het prettig? Gestrest? Ontspannen? Wat merk je op? Probeer een nauwkeurige tekening te maken van hoe je lichaam voelt. Je hoeft er niets van te vinden. Je hoeft het alleen maar op te merken. En weet dat de aandacht vaker zal zijn afgeleid, merk het op. Vriendelijk maar beslist. En breng de aandacht terug naar de het lichaam. Zoals het nu is. Zonder iets te willen veranderen.
- Het ademen heeft een golvende beweging. Kun je die beweging voelen? Waar neem je die beweging waar? Je hoeft niets te veranderen. Het mag er zijn, in zijn eigen ritme, op zijn eigen tijd. Heb aandacht voor de natuurlijke beweging van de adem. Merk dan op dat ook gedachten komen en gaan. Je hoeft ze niet tegen te houden of te weigeren. Gedachten komen en gaan, net zoals de beweging van de adem. De beweging van de adem kan je helpen om de aandacht in het hier en nu te houden. Als een anker. Laat de adem zichzelf ademen.
- Hoe vaak je ook afdwaalt, begin steeds weer opnieuw. Dit terugbrengen van de aandacht hoort bij de oefening. Wees dus vriendelijk voor jezelf.
- Laat nu de komende minuut alles even los. Laat de aandacht even gaan. Komen er gedachten? Dan komen er gedachten. Komt er een druk gevoel? Dan komt er een druk gevoel. Zie je een boodschappenlijstje? Dan zie je een boodschappenlijstje. Zonder er iets mee te hoeven. Zonder iets te moeten. Je hoeft de aandacht niet te sturen of te controleren. Laat de aandacht doen wat zij wil.
- Breng dan de aandacht vriendelijk terug naar je lichaam. Voel het contact dat je lichaam maakt met de stoel, je voeten me de vloer, de armen met je benen. Breng aandacht naar de geluiden om je heen. Neem je een geur waar? En breng jezelf weer terug naar de omgeving om je heen. En op je eigen tijd mag je je ogen opendoen en misschien even bewegen. Neem even de tijd om te ervaren wat je ervaart. Om weer even tot bewustzijn te komen.
- Hoe voelt het om gedachten zo maar te laten gaan? Neem even de tijd om het te laten bezinken.

- Wat merkte je op tijdens deze oefening:
  - Gedachten?
  - Geluiden?
  - Lichamelijke sensaties?

Oefening van de aandacht – De Drie-minutenademruimte

Op hectische momenten, maar liever regelmatig, kun je drie minuten adempauze nemen. Misschien is dit zo'n moment. De adempauze van drie minuten helpt je om beter in contact te komen met wat zich afspeelt in jouw lichaam, geest en omgeving. Net als bij alle oefeningen voor de aandacht, observeer je jezelf met mildheid.

1. Hoe gaat het nu met je? Richt je aandacht op je innerlijke gewaarwording. Merk op welke gedachten, gevoelens en lichamelijke sensaties je hebt. Breng je ervaringen in gedachten onder woorden.

2. Hoe is je ademhaling? Breng vervolgens je aandacht naar je ademhaling. Volg hoe je adem naar binnen stroomt door je neus of mond je longen in, en daarna weer naar buiten. Voel hoe je ademhaling je borstkas en je buik in beweging zet. Zeg eventueel langzaam in gedachten: 'in ... uit ...', of tel het aantal ademhalingen gedurende deze stap.

3. Hoe voelt je lichaam nu? Terwijl je je bewust blijft van je ademhaling, richt je je aandacht op plaatsen in je lichaam waar je tijdens de oefening een reactie voelt. Stel je open voor wat je ervaart, voor je gevoelens, gedachten en gewaarwordingen. Oordeel niet over wat je voelt, observeer met een open milde houding. Alles wat je ervaart hoort op dit moment bij je en is goed.

OBSERVATIEOPDRACHT: OBSERVATIE VAN KALMEREN EN REPAREREN

Datum en tijd (vrijdag, 16.15 uur)	Situatie (met elkaar aan tafel, met de buurvrouw naar de winkel, voorlezen bij het bedritueel)	Gedrag van je pleeg- of adoptie- kind (huilen, schreeuwen, terugtrekken, stilvallen, clownesk rondlopen)	Gevoel van je pleeg- of adoptiekind (boos, bang, blij, verdrietig, verward)	Vermoedelijke gedachten van je pleeg- of adoptie- kind (Wat bedoelt die mevrouw? Ik wil ... Ik voel me afgewezen! Ik snap 't niet)	Gedrag van de ouder (Wat was je eigen reactie: negeren, terugschreeuwen, uitleg geven, op de gang zetten, begrip tonen)	Gevoel van jezelf (boos, bang, blij, verdrietig, verward)	Gedachten van jezelf (En nu luisteren! Ik voel me afgewezen! Ik snap hem/haar niet. Laat maar, volgende keer beter)

Spelregels voor het helpen omgaan van je pleeg- of adoptiekind met (moeilijke) gevoelens

Als je pleeg- of adoptiekind overstuur raakt, heeft het jou nodig om te begrijpen wat er in hem of haar gaande is en wat hij of zij kan doen. Je pleeg- of adoptiekind heeft je nodig als bron van veiligheid om daarmee terug te kunnen keren naar het eigen gevoel.

Dus:
1. wees kalm;
2. laat uit je lichaamstaal blijken dat je zijn of haar moeilijke gevoelens begrijpt;
3. neem leiding;
4. wees aardig;
5. geef woorden aan wat jij denkt dat de gevoelens van je pleeg- of adoptiekind zijn;
6. blijf aanwezig bij je pleeg- of adoptiekind tot je samen het gevoel begrijpt dat te veel was voor hem/haar alleen;
7. leid je pleeg- of adoptiekind af, of help hem/haar om terug te keren naar wat het aan het doen was, maar nu met gekalmeerde gevoelens.

Spelregels voor het repareren van de relatie met je pleeg- of adoptiekind

1. Repareer de relatie met je pleeg- of adoptiekind zodra je weet wat je eigen gevoelens, gedachten en emoties zijn.
2. Respecteer de weerstand van je pleeg- of adoptiekind als hij/zij het niet goed wil maken, en wacht op een geschikter moment.
3. Breng jezelf lichamelijk op hetzelfde niveau als je pleeg- of adoptiekind (zak door je knieën), zoek zoveel nabijheid als je pleeg- of adoptiekind prettig vindt: op schoot of naast elkaar. Kijk goed wat je pleeg- of adoptiekind kan verdragen! (Het kan zijn dat je pleegkind op dat moment meer afstand prettiger vindt dan jij.)
4. Zeg dat het voor jullie beiden vervelend en niet leuk was om zo met elkaar om te gaan. Zeg dat je wilt dat jullie je weer goed voelen bij elkaar.
5. *Als je pleeg- of adoptiekind te jong is voor taal:* nodig je kind uit om even te spelen en een beetje te praten.
6. *Als je pleeg- of adoptiekind taal al een beetje begrijpt:* Stel voor om erover te praten en gebruik eventueel een spelletje.
7. Maak hem/haar geen verwijten. Als (pleeg- of adoptie)ouder heb je de verantwoordelijkheid voor je eigen gedrag, gevoelens en gedachten.
8. Luister naar je pleeg- of adoptiekind, en probeer het echt te begrijpen.
9. Oordeel niet. Je hoeft je ook niet te verdedigen.
10. Leg uit dat ook volwassenen soms niet redelijk zijn, niet redelijk doen en niet redelijk praten. Maar dat er altijd de mogelijkheid is om de redelijkheid terug te vinden en het goed te hebben met elkaar.

Sessie 5
Omgaan met signalen van onveiligheid en trauma

Agenda

1. Huiswerk van de vorige keer
2. Uitleg Omgaan met signalen van onveiligheid en trauma
3. Uitleg De onafhankelijke, overafhankelijke of gedesorganiseerde reactie
4. Videoreflectie
5. Huiswerk

Huiswerk van de vorige keer

Was het huiswerk van de vorige keer duidelijk?
Hebben jullie vragen over de inhoud?
Wat is jullie het meest bij gebleven?
Wat was voor jullie en jullie pleeg- of adoptiekind van betekenis?
Hoe zijn jullie ermee bezig?

_____

_____

_____

Invloed van ervaringen uit eerdere relaties

Kinderen in de pleegzorg hebben doorgaans te maken gehad met mishandeling en verbroken relaties met belangrijke verzorgers. Er zijn in het verleden vaak veel negatieve ervaringen geweest, zoals verwaarlozing, misbruik en geweld. Verder heeft een pleeg- of adoptiekind zelden direct een vaste plek: veel kinderen hebben diverse plaatsingen achter de rug. Dit betekent dat er ook onderbrekingen in de zorg zijn geweest. Mishandeling en breuken in relaties maken dat kinderen moeite hebben om het vermogen te ontwikkelen zichzelf goed te kalmeren en om te gaan met stress. Veel pleeg- of adoptiekinderen zijn sneller van slag en kunnen minder goed met stress omgaan.

Dit is niet altijd zichtbaar – zeker in het begin van een pleeggezinplaatsing. Veel kinderen reageren op de stress van weer een nieuwe omgeving en nieuwe verzorgers door gevoelens van angst te verbergen, als het ware in te slikken, en anderen niet te laten merken wat er in hen omgaat. Andere kinderen overdrijven juist hun signalen: ze zijn erg boos, erg bang of erg verdrietig. Ze lopen als het ware over van emoties. Sommige kinderen reageren door in bepaalde situaties in de war of afwezig te raken. Ze vertonen gedrag wat onnavolgbaar lijkt.

Het is goed om je er als pleeg- of adoptieouder bewust van te zijn dat kinderen de reacties inzetten die ze zich in eerdere relaties hebben aangewend. Hun reacties hebben (nog) weinig met jou te maken, maar veeleer met de geschiedenis die zij al achter de rug hebben.

Welke signalen geeft jullie pleeg- of adoptiekind af?

Welke vormen van verwaarlozing of verbroken relaties heeft jullie pleeg- of adoptiekind meegemaakt?

Kun je verbanden leggen tussen het soort trauma (geweld, verwaarlozing) dat je pleeg- of adoptiekind heeft ondergaan en typisch gedrag of uitspraken van hem/haar?

De onafhankelijke, overafhankelijke reactie of gedesorganiseerde reactie

Globaal gezien zijn er drie typen reacties van kinderen die zich niet veilig voelen: overreageren, onderreageren of verward reageren op stress. Kinderen remmen hun signalen af, vergroten hun signalen uit, of geven verwarrende signalen af. Kinderen kunnen ook alle soorten reacties laten zien. Soms zijn ze bikkelhard voor zichzelf, op andere momenten raken ze in paniek om bijna niets, zo lijkt 't. We bespreken eerst de onafhankelijke en overafhankelijke reactie.

Wat vinden jullie: hoe stelt jullie pleeg- of adoptiekind zich over het algemeen op? Te afhankelijk, of te onafhankelijk? Vertoont hij/zij te veel emoties, of juist te weinig?

De onafhankelijke of vermijdende reactie

Veel pleeg- of adoptiekinderen presenteren zich bij binnenkomst in het pleeggezin als heel zelfstandig en lijken weinig aangedaan door de gebeurtenissen die zij hebben meegemaakt of wat er op dit moment aan de hand is. We noemen dit de *vermijdende reactie* op de pleeggezinplaatsing. Deze kinderen laten steeds zien dat ze zich goed kunnen redden en stralen dit ook uit. De keerzijde van deze manier van omgaan met stress en emoties is dat deze kinderen vaak maar weinig over zichzelf prijsgeven, zowel in taal als in gezichtsuitdrukking. Pleeg- en adoptieouders typeren deze kinderen vaak als 'gesloten' of 'onverschillig'. Deze pleeg- of adoptiekinderen zijn vaak moeilijk te begrijpen voor pleeg- en adoptieouders en de rest van de omgeving. Hun gezichtsuitdrukking vertelt niet veel. Als er stress en spanning is, trekken ze zich terug, in plaats van zich te laten troosten of te laten begrijpen door volwassenen. Schijn bedriegt: anders dan je van buiten kunt opmaken, zijn deze kinderen wel degelijk gestrest. Ze hebben alleen afgeleerd om emoties met anderen te delen.

© Powell, B. e.a. (2013). *The Circle of Security Intervention.* New York: Guilford Publications. In het Nederlands vertaald en bewerkt door M. de Zeeuw & C. Brok (2013).

Cirkel van Veiligheid en Vertrouwen – Vermijdende relatie tussen ouder en kind

De overafhankelijke of angstig-ambivalente reactie

Sommige pleeg- of adoptiekinderen laten juist weinig zelfstandigheid zien. Integendeel, het lijkt wel alsof ze juist in alles hun pleeg- of adoptieouders nodig hebben. Ze kunnen niets zonder hulp en laten veel angst en afhankelijkheid zien. Ze presenteren zich angstiger en onzekerder dan een gemiddeld kind en laten een bovengemiddelde betrokkenheid op de pleeg- of adoptieouders zien. Het lijken passieve kinderen, die weinig nieuwsgierig zijn, lauw reageren op fijne verrassingen of juist heel heftig reageren, en niet goed op ontdekking uit durven gaan. Ze lijken weinig gevoel van eigenwaarde en weinig zelfvertrouwen te hebben. Ze hebben geleerd dat onafhankelijkheid (bijvoorbeeld je eigen gang gaan en aandacht hebben voor speelgoed) niet goed is, en dat het verstandiger is om dicht bij een volwassene te blijven (bijvoorbeeld aandacht bij iedere beweging van de volwassene houden).

© Powell, B. e.a. (2013). *The Circle of Security Intervention.* New York: Guilford Publications.
In het Nederlands vertaald en bewerkt door M. de Zeeuw & C. Brok (2013).

Cirkel van Veiligheid en Vertrouwen – Angstig-Ambivalente relatie tussen ouder en kind

Met deze nieuw uitleg; hoe denken jullie over je pleeg- of adoptiekind?

_____
_____
_____

Wat herkennen jullie uit deze beschrijving bij jullie eigen pleeg- of adoptiekind?

_____
_____
_____

Hoe zou je je pleeg- of adoptiekind kunnen aanmoedigen of kunnen helpen?

_____
_____
_____

De verwarde of gedesorganiseerde reactie

Sommige kinderen reageren op bepaalde situaties door in de war of afwezig te raken. We noemen dat de *verwarde of gedesorganiseerde* reactie. Dat is soms op te maken uit kleine subtiele signalen, die veelal over het hoofd gezien worden. Sommige kinderen laten deze signalen wel duidelijk zien, maar bij andere kinderen is het goed opletten en wordt pas na verloop van tijd duidelijk dat hij of zij van sommige gebeurtenissen in de war raken. Het ene kind raakt afwezig en is er niet meer bij met z'n gedachten. Het andere kind wordt boos en reageert buitensporig woedend op kleine gebeurtenissen of correcties. Alledaagse situaties (het per ongeluk laten vallen van een fruitschaaltje, of omstoten van een drinkbeker, het plotseling rinkelen van een telefoon) kunnen aanleiding zijn voor paniek, verwarring, en het verbreken van het contact met de pleeg- of adoptieouder. Het kind weet als het ware niet meer wat het moet doen, om met het gevoel van schrik om te gaan. Oog krijgen voor deze signalen van verwarring is de eerste stap om het kind te helpen zichzelf weer te begrijpen en te organiseren.

© Powell, B. e.a. (2013). *The Circle of Security Intervention*. New York: Guilford Publications.
In het Nederlands vertaald en bewerkt door M. de Zeeuw & C. Brok (2013).

Cirkel van Veiligheid en Vertrouwen – Gedesorganiseerde relatie of reacties tussen ouder en kind

Sommige pleeg- of adoptiekinderen reageren clownesk op spanning. Ze gaan giechelen, lachen, worden erg onrustig of grappig. Ze hebben als het ware geleerd dat dat soms helpt om de oplopende spanning te breken. Deze reactie zorgt vaak weer voor verwarring bij de ouders, die zich uitgelachen kunnen voelen, zeker als ze zelf gespannen zijn of op het punt staan de controle te verliezen. Het vraagt rust om in te zien dat kinderen in die situaties niet lachen omdat ze het leuk vinden, maar juist omdat ze het heel spannend vinden wat er gebeurt.

Andere pleeg- of adoptiekinderen komen uit een geparentificeerde relatie met hun ouders, dat wil zeggen dat er sprake is geweest van rolomkering tussen ouder en kind. Het kind is als het ware de ouderrol gaan vervullen, omdat het kind al veel te jong dingen zelf moest doen: zelf naar bed gaan en uit bed komen, zelf voor eten zorgen, zichzelf vermaken en troost of afleiding bieden als de ouder dat nodig had. Veel pleeg- of adoptiekinderen zijn al vanaf zeer jonge leeftijd emotioneel geparentificeerd. In plaats van dat de ouder de bron van veiligheid en vertrouwen was voor het kind, werd het kind die voor de ouder. Het gevolg is dat het kind erg gevoelig raakt voor de behoeften van de ouder en andere volwassenen, zonder daar de woorden voor te weten. Automatisch en onbewust leert het kind zich aanpassen aan wat volwassenen van hem vragen, hoe jong het ook is. Dit worden vaak aangepaste, vroegwijze en een beetje ouwelijke kinderen, die pleeg- en adoptieouders proberen op te vrolijken, en altijd lief en aangepast zijn.

Globaal gezien zijn er dus vier manieren waarop je pleeg- of adoptiekind zijn/haar verwarring kan laten blijken:

1. agressief gedrag: bijvoorbeeld een woedeaanval, dingen kapot maken van zichzelf of anderen;
2. afwezig raken en verwarring tonen: bijvoorbeeld dagdromen, van de wereld lijken;
3. clownesk: bijvoorbeeld gekke bekken trekken of humoristische, vlotte antwoorden geven;
4. geparentificeerd: bijvoorbeeld bij de ouder op schoot kruipen en zich tegen de ouder aanvlijen zonder dat daar vanuit het kind gezien aanleiding toe is.

Welke manier van reageren vertoont jullie pleeg- of adoptiekind weleens?

Wat doe je meestal in zo'n geval?

Spelregels voor als je pleeg- of adoptiekind vooral onafhankelijk/vermijdend reageert

1. Probeer duidelijk te maken dat je pleeg- of adoptiekind gevoelens mag hebben – dat dat natuurlijk is (benoem die gevoelens: boos, bang, verdrietig, blij).
2. Let extra op kleine signalen in het gedrag van je pleeg- of adoptiekind. Ze zijn er beslist, maar soms verpakt in ander gedrag. Probeer te laten merken dat je de emotie wel ziet en benoem die.
3. Laat zelf in je reactie bij gebeurtenissen merken dat 't natuurlijk is om te schrikken, bang te zijn, of geïrriteerd, verdrietig of blij. 'Daar kun je van schrikken! Ik snap wel dat dat niet leuk is.' Of: 'Dit geeft kriebels in mijn buik. Daar word ik blij van!'
4. Versterk de uiting van de gevoelens van je pleeg- of adoptiekind door die versterkt te imiteren in je reactie (door een overdreven gezichtsuitdrukking te gebruiken, of in je lichaamshouding het gevoel weer te geven).
5. Blijf rustig als je pleeg- of adoptiekind emoties uitdrukt en toon begrip.
6. Maak duidelijk dat je pleeg- of adoptiekind altijd naar je toe mag komen als het overstuur, in de war of bang is.
7. Niet handig: veel vragen stellen over gevoelens.
8. Niet handig: het je heel persoonlijk aantrekken dat je pleeg- of adoptiekind geen gevoelens toont of maar matig op je reageert.

Schrik niet als je pleeg- of adoptiekind op je aanpak vooral angstig-ambivalent en aanklampend reageert. Dat is een signaal van vooruitgang. Je pleeg- of adoptiekind durft weer te laten merken wat er werkelijk in hem/haar omgaat, maar is nog niet helemaal gerust over jouw blijvende aanwezigheid en begrip.

Spelregels voor als je pleeg- of adoptiekind vooral afhankelijk/angstig-ambivalent reageert

1. Probeer je pleeg- of adoptiekind duidelijk te maken dat de wereld behoorlijk voorspelbaar is.
2. Breng een duidelijk ritme en structuur aan in je handelingen: bedritueel (elke dag zelfde tijd, zelfde handeling – bijvoorbeeld omkleden, tandenpoetsen, verhaaltje, kus, licht uit), vaste volgorde van handelingen bij opstaan, klaarmaken voor school, theeritueel na school.
3. Wen jezelf aan je pleeg- of adoptiekind te helpen anticiperen op situaties door gebeurtenissen te benoemen en te voorspellen ('Het zou kunnen zijn dat ...').
4. Leg aan je pleeg- of adoptiekind uit dat jij er bent en voor hem/haar zult zorgen.
5. Als je afscheid neemt, doe dat dan nadrukkelijk en maak duidelijk wanneer je weer terugkomt. Help je kind bewust door dit moment heen te gaan met alle gevoelens die daarbij horen.
6. Probeer zo duidelijk en consequent mogelijk te zijn in je grenzen. Leg uitzonderingen duidelijk uit.
7. Wees duidelijk en voorspelbaar.
8. Blijf rustig als je pleeg- of adoptiekind emoties toont en toon begrip.
9. Oefen met het geven van complimenten voor zelfstandig gedrag.
10. Zoek spelletjes uit waar je pleeg- of adoptiekind vaardig in is. Steun hem/haar, maar neem het niet over.
11. Laat jezelf ondersteunen en afwisselen door een andere betrokken volwassene waar je pleeg- of adoptiekind ook vertrouwen in durft hebben – dit verlicht het gevoel van benauwdheid of geclaimd worden. Bedenk dat dit een periode is die voorbijgaat als je voldoende veiligheid weet te geven.
12. Niet handig: in paniek raken van de heftige gevoelens van je pleeg- of adoptiekind.
13. Niet handig: het je heel persoonlijk aantrekken dat je pleeg- of adoptiekind veel gevoelens toont of sterk op je reageert.

Spelregels voor als je pleeg- of adoptiekind weleens verward, afwezig, clownesk, geparentificeerd of buitensporig boos reageert

1. Let goed op de situaties waarin de betreffende reactie zich dit voordoet. Er zit altijd een patroon in dat herleidbaar is tot een nare ervaring van je pleeg- of adoptiekind in het verleden.
2. Let goed op situaties van afscheid nemen, straf of een standje uitdelen, isolement/alleen achterblijven en onverwachte lichamelijke aanraking. Probeer te letten op verwarring en/of stressreacties van je pleeg- of adoptiekind.
3. Pas een eventuele correctie aan: sluit je pleeg- of adoptiekind niet buiten en plaats hem of haar niet uit het zicht. Neem maatregelen om de situatie minder bedreigend te maken voor hem/haar.
4. Blijf zelf kalm en probeer je pleeg- of adoptiekind in alle rust duidelijk te maken dat er niets ergs aan de hand is (en dat hij of zij veilig is bij jou).

5. Praten over het hier en nu (over koetjes en kalfjes, over de omgeving en wat er straks gaat gebeuren) kan helpen om een pleeg- of adoptiekind weer terug te brengen tot de realiteit.
6. Benoem de verwarring. Leg achteraf met je pleeg- of adoptiekind het verband tussen zijn of haar reactie en de aanleiding: 'Als ik jou boos aankijk, zie ik bij jou verwarring, alsof je het niet meer precies weet, en word je daarna heel boos.'
7. Kom later, als je kind weer rustig genoeg is, terug op het punt dat je zelf wilde maken.
8. Overleg met de betrokken hulpverlener over deze signalen. Zoek eventueel aanvullende hulp voor trauma's.
9. Niet handig: in paniek raken of zelf verward zijn geeft heftige gevoelens bij je pleeg- of adoptiekind. Je voelt als het ware de pijn van je kind. Zoek eerst je eigen rust als het je te veel wordt.
10. Niet handig: het je heel persoonlijk aantrekken dat je pleeg- of adoptiekind op dit soort momenten afwezig, verward of extreem boos of onbereikbaar is.

Met welke tips willen jullie vooral aan de slag? Van welke tips zou jullie pleeg- of adoptiekind kunnen profiteren?

_____

_____

_____

Videoreflectie

In de videoreflectie van vandaag is gekeken naar signalen van onveiligheid of stress bij het pleeg- of adoptiekind door het vertonen van vermijdend, angstig-ambivalent of verward gedrag. Er zijn twee korte fragmenten teruggekeken van de video-opname van de vorige keer. Met jullie is besproken welke verwachtingen van relaties het pleeg- of adoptiekind heeft opgebouwd en wat pleeg- en adoptieouders wel of niet voor hem of haar kunnen betekenen.

Huiswerk

– Leesopdracht: lees hoofdstuk 6 van *Er zijn voor je kind*.
– Observatieopdracht: blijf doorgaan met het elke dag observeren en registreren, maar nu van de momenten waarop je pleeg- of adoptiekind te afhankelijk, te onafhankelijk of te verward reageert. Blijf opletten welk gevoel en welke gedachte dat gedrag bij jezelf oproept. De oefening van de aandacht helpt je hierbij.
– Oefening van de aandacht: Bellenblazen.
– Praktische opdracht: Welke besproken tips wil je uitproberen deze week?

Succes! Kijk of het gevoel dat we in de video zagen vaker voorkomt bij je kind (misschien terugkomt in je observatieschema).

SESSIE 5 OMGAAN MET SIGNALEN VAN ONVEILIGHEID EN TRAUMA

OBSERVATIEOPDRACHT: OBSERVATIE VAN (ON)AFHANKELIJK GEDRAG OF VERWARD GEDRAG

Datum en tijd (vrijdag, 16.15 uur)	Situatie (met elkaar aan tafel, met de buurvrouw naar de winkel, voorlezen bij het bedritueel)	Gedrag van je pleeg- of adoptiekind (huilen, schreeuwen, terugtrekken, stilvallen, clownesk rondlopen)	Gevoel van je pleeg- of adoptiekind (boos, bang, blij, verdrietig, verward)	Vermoedelijke gedachten van je pleeg- of adoptie-kind (Wat bedoelt die mevrouw? Ik wil … Ik voel me afgewezen! Ik snap 't niet)	Gedrag van de ouder (Wat was je eigen reactie: negeren, terugschreeuwen, uitleg geven, op de gang zetten, begrip tonen)	Gevoel van jezelf (boos, bang, blij, verdrietig, verward)	Gedachten van jezelf (En nu luisteren! Ik voel me afgewezen! Ik snap hem/haar niet. Laat maar, volgende keer beter)

Oefening van de aandacht – Bellenblazen

Het maken van mooie zeepbellen is altijd weer een project op zichzelf. Het vereist een technische vaardigheid van het kind, en een praktische vaardigheid van de ouder. In dit geval gaat het niet om de juiste technische uitvoering. Het gaat om plezier, samen delen en aandachtig zijn.

Bellenblazen kan heel gemakkelijk met een bellenblaas, maar ook met een bak zeepsop en allerlei materiaal waarmee bellen geblazen kunnen worden. Het klaarzetten, het maken van sop en daarna het opruimen horen er allemaal bij.

Je kunt je aandacht richten op:

- De adem. Het voelt waarschijnlijk gemakkelijker om te blazen als je eerst een diepe teug lucht naar binnen hebt gezogen. Wat gebeurt er allemaal in je lichaam als je dat doet? Voel je de spanning in je borstkas toenemen? Je longen die zich uitzetten? Misschien bewegen je schouders wel mee? Je nek? Hoe is je gezichtsuitdrukking als je lucht naar binnen haalt? En wat gebeurt er als je lucht uitblaast?
- Voel je de ontspanning van je buik? Je schouders die zakken, je wangen die zich bollen?
- Welke geluiden neem je waar? Kun je jezelf bellen horen blazen? Of hoor je je kind de bellen blazen? Kun je dat geluid versterken en toch mooie bellen blazen? Waar komt dat geluid vandaan? Kun je dat geluid ook voelen?
- Misschien komen er allerlei gedachten bij je op, misschien word je afgeleid. Geef jezelf dan een compliment. Goed opgemerkt! Breng je aandacht vervolgens terug naar de mooie grote bel die je gaat blazen, gevuld met jouw adem.
- Wat merk je op bij je pleegkind? Hebben jullie hetzelfde ritme met de ademhaling? Kunnen jullie samen blazen? Wat gebeurt als je jouw ademhaling verandert (versnelt dan wel vertraagt)?

Sessie 6
Hoe kan ik vertrouwen geven?

Agenda

1. Huiswerk van de vorige keer
2. Uitleg Veiligheid en emotionele beschikbaarheid
3. Uitleg Helpen en Opletten
4. Videoreflectie
5. Huiswerk

Huiswerk van de vorige keer

Was het huiswerk van de vorige keer duidelijk?
Hebben jullie vragen over de inhoud?
Wat is jullie het meest bij gebleven?
Wat was voor jullie en jullie pleeg- of adoptiekind van betekenis?
Hoe zijn jullie ermee bezig?

Veiligheid en emotionele beschikbaarheid

De hele dag door wisselen momenten van nabijheid zoeken en contact hebben en momenten van op verkenning gaan en gescheiden zijn elkaar af tussen ouder en pleeg- of adoptiekind. Deze afwisseling wordt gesymboliseerd in de Cirkel van Veiligheid en Vertrouwen. De omgang van je pleeg- of adoptiekind met jou, de ouder, beelden we uit in een cirkel (Powell, Cooper, Hoffman, & Marvin, 2013). Je pleeg- of adoptiekind gaat bij je vandaan en komt weer bij je terug, gaat bij je vandaan en komt weer bij je terug.
Jij bent het uitgangspunt voor je pleeg- of adoptiekind als het gaat om deze afwisseling tussen nabijheid en op verkenning gaan. Je pleeg- of adoptiekind zal niets durven zonder dat het weet dat het bescherming bij jou kan krijgen. Jij bent het baken in de woelige zee. Dankzij jouw geruststellende blik durft je pleeg- of adoptiekind die enge stap te zetten. Op jouw fronsen houden ze op met waar ze mee bezig zijn. Of je je er nu bewust van bent of niet: jij bent het vertrekpunt en de thuishaven van je pleeg- of adoptiekind, de bron van veiligheid en vertrouwen.
Als pleeg- of adoptiekinderen zich veilig voelen, komt hun nieuwsgierigheid naar boven. Zie: 'Ik wil op onderzoek uit.' Ze willen dan meer over de wereld weten.
Pleeg- of adoptiekinderen voelen zich veilig als ze weten dat hun pleeg- of adoptieouders hun verkenningstocht of hun nieuwsgierigheid ondersteunen. Zie: 'Helpen en opletten.' Omdat pleeg- of adoptiekinderen afhankelijk zijn van hun pleeg- en

adoptieouders, kijken zij altijd of hun pleeg- of adoptieouder(s) wel op hen let om hen te kunnen beschermen als ze op onderzoek uitgaan. Het is belangrijk dat je dan de boodschap overbrengt: 'Het is goed. Ga maar ...'

© Powell, B. e.a. (2013). *The Circle of Security Intervention*. New York: Guilford Publications.
In het Nederlands vertaald en bewerkt door M. de Zeeuw & C. Brok (2013).

Cirkel van Veiligheid en Vertrouwen 1

Als pleeg- of adoptiekinderen lang genoeg op onderzoek uit zijn geweest en zich afgeleid, moe, bang of niet meer op hun gemak voelen, zijn ze niet meer geïnteresseerd in dat onderzoek. Je pleeg- of adoptiekind zoekt nabijheid. Of als pleeg- of adoptiekinderen zich in een onveilige situatie bevinden, moeten pleeg- en adoptieouders optreden en het onderzoek beëindigen. Pleeg- of adoptiekinderen hebben in die omstandigheden plotseling nieuwe behoeften die om een reactie van de pleeg- of adoptieouder vragen. Zij hebben als ze terugkomen naar de pleeg- of adoptieouder in de eerste plaats behoefte aan een signaal van hem of haar dat ze welkom zijn (Cirkel van Veiligheid en Vertrouwen 1 – 'Ik zoek je nabijheid'). Het zoeken van deze nabijheid is een manier van het kind om de relatie te herstellen. Het is belangrijk dat de pleeg- of adoptieouder hierop ingaat en de relatie als het ware weer repareert. 'Kalmeren en Repareren' is daarom de tweede belangrijke taak van pleeg- en adoptieouders. Daar hebben we het al uitgebreid over gehad in sessie 4.
We gaan vandaag in op Helpen en Opletten.

Helpen en Opletten

In Cirkel van Veiligheid en Vertrouwen 2 - Vaardigheden van ouders staan alle vaardigheden genoemd die nodig zijn om mooie Cirkels van Veiligheid en Vertrouwen te kunnen maken. Vaardigheden van pleeg- en adoptieouders die horen bij Helpen en Opletten zijn: vooruitlopen op situaties, grenzen stellen, structuur bieden, en trots tonen en complimenten geven. Veel pleeg- of adoptiekinderen weten niet hoe het is om passend gestimuleerd te worden en er op uit te gaan terwijl er wel iemand op de achtergrond meekijkt en ze in de gaten houdt. Of ze zijn hun nieuwsgierigheid bijna kwijt, of ze ondernemen wel van alles, maar zonder te weten dat ze veilig zijn en vertrouwen genieten. De vaardigheden die horen bij Helpen en Opletten helpen je pleeg- of adoptiekind eropuit te gaan en weer gezond nieuwsgierig te worden en dingen te leren. Dingen die nodig voor zijn/haar ontwikkeling.

© Powell, B. e.a. (2013). *The Circle of Security Intervention*. New York: Guilford Publications.
In het Nederlands vertaald en bewerkt door M. de Zeeuw & C. Brok (2013).

Cirkel van Veiligheid en Vertrouwen 2 - Vaardigheden van ouders

Spelregels voor het vooruitlopen op situaties
1. Denk vooruit bij situaties die je pleeg- of adoptiekind aangaan (praktische voorbereidingen)
2. Tref voorbereidingen voor wat je pleeg- of adoptiekind gaat doen of verkennen.
3. Bereid je pleeg- of adoptiekind met woorden voor op situaties die gaan komen.
4. Maak de inrichting van je huis baby- of peuter-*proof*.
5. Ruim je huis op en wen jezelf routines aan.
6. Weet waar je pleeg- of adoptiekind is en kijk regelmatig even.
7. Geef je pleeg- of adoptiekind nooit zomaar uit handen, maak kennis met ouders van vriendjes en vriendinnetjes van je pleeg- of adoptiekind, en ga op je gevoel af.

Spelregels voor het stellen van grenzen
1. Geef kort uitleg waarom iets niet mag.
2. Troost je pleeg- of adoptiekind en heb aandacht voor diens gevoel van teleurstelling, verdriet of boosheid.
3. Leid je pleeg- of adoptiekind af met iets dat hij of zij leuk vindt, en help hem/haar op gang.
4. Of: Volg het initiatief van je pleeg- of adoptiekind en geef hem of haar een compliment.
5. Wees consequent en eenduidig in wat je je pleeg- of adoptiekind verbiedt.

Spelregels voor het bieden van structuur
Je pleeg- of adoptiekind komt bij je met iets dat hij of zij wil leren:
1. Doe de vaardigheid of de taak voor die je pleeg- of adoptiekind wil leren.
2. Deel de vaardigheid of taak die je pleeg- of adoptiekind wil leren op in stukjes.
3. Doe eerst zelf de moeilijkste stappen, en laat je pleeg- of adoptiekind de gemakkelijkste doen.
4. Geef complimenten voor elke stap die je pleeg- of adoptiekind zelf doet.
5. Bij het herhalen van de vaardigheid of taak laat je je pleeg- of adoptiekind steeds meer zelf doen.
6. Kijk toe, toon je trots en stuur af en toe nog wat bij.
7. Blijf afgestemd op je pleeg- of adoptiekind: vindt hij of zij het nog leuk of wil hij of zij liever iets anders?

Spelregels voor het geven van complimenten
1. Geef een compliment direct nadat het pleeg- of adoptiekind iets aardigs of leuks heeft gedaan, dan begrijpt hij/zij het verband.
2. Wees heel duidelijk over wat je fijn vindt: 'Goed van je dat je een autootje aan je broertje gaf.'
3. Laat je stem en gezicht vrolijk en vriendelijk zijn.
4. Geef geen half of dubieus compliment. Zeg dus niet: 'Je bent nu zo lief aan het spelen, waarom kun je zo niet altijd zijn?'
5. De leukste complimenten gaan over relaties of jullie relatie: 'Wat leuk om samen te spelen!' Of: 'Ik vind het altijd heel gezellig om met jou samen te knutselen.'

Met welke vaardigheden willen jullie vooral aan de slag? Waarvan kunnen jij en je pleeg- of adoptiekind profiteren?

_____

_____

_____

Videoreflectie

Vandaag is per videofragment stilgestaan bij de positieve aspecten, daar waar jullie een bron van veiligheid zijn en jullie je pleeg- of adoptiekind goed kalmeren of waar jullie een bron van vertrouwen zijn en jullie je pleeg- of adoptiekind goed ondersteunen en stimuleren.

Huiswerk

- Leesopdracht: lees hoofdstuk 8 van *Er zijn voor je kind*
- Observatieopdracht: vaardigheidsobservatie Helpen en Opletten. Kies uit met welke vaardigheden jij de komende tijd aan de slag wilt: vooruitlopen op situaties, grenzen trekken en regels stellen, structuur bieden of geven van complimenten. Registreer per dag of het je is gelukt om de vaardigheid te gebruiken en in welke situatie.
- Praktische opdracht: invullen van de lijst Waarden in het pleeg- en adoptieouderschap.
- Praktische opdracht: samen lezen van verhaaltjes over verstoppen en weer terugvinden (zie bijv. http://www.leesplein.nl).
- Oefening van de aandacht: samen Mandala kleuren.
  Bijvoorbeeld: http://www.bing.com/images/search?q=mandela+kleuren+met+kinderen&qpvt=mandela+kleuren+met+kinderen&FORM=IGRE%20o)

Mandala kleuren

Het woord *mandala* is afkomstig uit India en betekent cirkel. Het tekenen en schilderen van herhalende en ritmische patronen van kleuren en lijnen binnen een cirkel is een oud gebruik van monniken om tot rust en tot creativiteit te komen.
Ga op zoek naar het plezier van materialen en kleuren. Ondersteun je pleeg- of adoptiekind in zijn technische vaardigheid en, wat nog belangrijker is, in de emotionele verbondenheid met jou. Maak het jezelf gemakkelijk, en gebruik materiaal dat al bekend is voor je pleeg- of adoptiekind. Het gaat niet om het resultaat, maar om het proces van het samen plezier hebben.
Tijdens het kleuren kun je je aandacht richten op:
- De adem. Voelt het gemakkelijker om te tekenen of kleuren als je eerst een diepe teug lucht naar binnen hebt gezogen? Wat gebeurt er allemaal in je lichaam als je dat doet? Voel je de spanning in je borstkas toenemen? Je longen die zich uitzetten? Misschien bewegen je schouders wel mee? Je nek? Hoe is je gezichtsuitdrukking als je lucht naar binnen haalt? En wat gebeurt er als je lucht uitblaast?
- Voel je de ontspanning van je buik? Je schouders die zakken?
- Welke geluiden neem je waar? Kun je jezelf bellen horen blazen? Of hoor je je pleeg- of adoptiekind blazen? Kun je dat geluid versterken en toch doorgaan met kleuren? Hoor je nog een ander geluid? Kun je dat geluid waarnemen en toch doorgaan met kleuren?
- Misschien komen er allerlei gedachten bij je op, misschien word je afgeleid. Geef jezelf dan een compliment. Goed opgemerkt! Breng je aandacht vervolgens terug naar de adem.
- Wat merk je op bij je pleegkind? Hebben jullie hetzelfde ritme met de ademhaling? Wat gebeurt er als je jouw ademhaling verandert (versnelt dan wel vertraagt)?

OBSERVATIEOPDRACHT: OBSERVATIE VAN HELPEN EN OPLETTEN (VOORUITLOPEN, GRENZEN, STRUCTUUR, COMPLIMENTEN

Datum en tijd (vrijdag, 16.15 uur)	Situatie (met elkaar aan tafel, met de buurvrouw naar de winkel, voorlezen bij het bedritueel)	Gedrag van je pleeg- of adoptie-kind (huilen, schreeuwen, terugtrekken, stilvallen, clownesk rondlopen)	Gevoel van je pleeg- of adoptiekind (boos, bang, blij, verdrietig, verward)	Vermoedelijke gedachten van je pleeg- of adoptie-kind (Wat bedoelt die mevrouw? Ik wil ... Ik voel me afgewezen! Ik snap 't niet)	Gedrag van de ouder (Wat was je eigen reactie: negeren, terugschreeuwen, uitleg geven, op de gang zetten, begrip tonen)	Gevoel van jezelf (boos, bang, blij, verdrietig, verward)	Gedachten van jezelf (En nu luisteren! Ik voel me afgewezen! Ik snap hem/haar niet. Laat maar, volgende keer beter)

Praktische opdracht Waarden in het pleeg- en adoptieouderschap

1. Huwelijksrelatie, partner, intieme relatie

Wat wil je dat je pleeg- of adoptiekind voor persoon zal zijn in de relatie met een ander?

Wat wil je dat je pleeg- of adoptiekind kan leren van de manier waarop jij in persoonlijke relaties staat?

2. Pleeg- en adoptieouderschap

Wat denk je dat het voor je pleeg- of adoptiekind betekent dat jij pleeg- of adoptieouder van hem of haar bent?

Hoe zie je jezelf het liefst in de rol van pleeg- of adoptieouder?

3. Familieverhoudingen

Hoe wil je dat je pleeg- of adoptiekind pleegzoon of pleegdochter, neef of nicht, zwager of schoonzus zal zijn?

Hoe heb je het liefst dat je pleeg- of adoptiekind jou ziet in je familierelatie?

4. Vriendschapsrelaties
Wat voor vriend zou je willen dat je pleeg- of adoptiekind is?

Wat wil je dat je pleeg- of adoptiekind van jou leert als het gaat om vriendschappen?

5. Loopbaan en werk
Wat voor werknemer zou je het liefst willen dat je pleeg- of adoptiekind werd? Hoe belangrijk mag het werk zijn voor je pleeg- of adoptiekind?

Wat wil je dat je pleeg- of adoptiekind van jou leert en overneemt als het gaat om de betekenis van werk?

6. Onderwijs, opleiding, persoonlijke groei en ontwikkeling
Wat voor type leerling hoop dat je dat je pleeg- of adoptiekind wordt? Welke persoonlijke groei wens je je pleeg- of adoptiekind toe?

Hoe wil je dat je pleeg- of adoptiekind zich jou herinnert als het gaat om leren en ontwikkelen, ook op persoonlijk vlak?

7. Recreatie en vrije tijd
Wat vind je de zin van hobby's, sporten, nevenactiviteiten, spelletjes, vakanties en andere vormen van recreatie voor je pleeg- of adoptiekind.

Hoe zou je willen dat je pleeg- of adoptiekind zich jou herinnert op dit vlak?

8. Spiritualiteit en religie
Spiritualiteit is alles wat je helpt om je, met een gevoel van verwondering, verbonden te voelen met iets wat groter is dan jezelf. Hoe wil je dat je pleeg- of adoptiekind zich hierin ontwikkelt?

Wat wil je het liefst betekenen voor je pleeg- of adoptiekind in dit opzicht?

9. Burgerschap
Wat zou je het liefst willen dat je pleeg- of adoptiekind voor de maatschappij en de gemeenschap betekent?

Wat wil je dat je pleeg- of adoptiekind van jou leert als het gaat om sociale, politieke en liefdadige betrokkenheid?

10. Gezondheid en lichamelijk welzijn
Hoe wil je dat het leven van je pleeg- of adoptiekind eruitziet als het gaat om gezondheid en lichamelijk welzijn?

Wat wil je dat je pleeg- of adoptiekind van jou leert als het gaat om verstandig eten, bewegen en andere gezonde dingen?

Naar: Hayes & Smith (2006). *Uit je hoofd, in je leven – een werkboek voor een waardevol leven met mindfulness en Acceptatie en Commitment Therapie.* Amsterdam: Uitgeverij Nieuwezijds.

Sessie 7
De rest van het gezin en je eigen valkuilen

Agenda

1. Huiswerk van de vorige keer
2. Uitleg Valkuilen voor pleeg- en adoptieouders
3. Uitleg Samenwerking en de rest van het gezin
4. Videoreflectie
5. Evaluatie en afscheid

Huiswerk van de vorige keer

Was het huiswerk van de vorige keer duidelijk?
Hebben jullie vragen over de inhoud?
Wat is jullie het meest bij gebleven?
Wat was voor jullie en jullie pleeg- of adoptiekind van betekenis?
Hoe zijn jullie ermee bezig?

_____
_____
_____

Valkuilen voor pleeg- en adoptieouders

We hebben gepraat over jullie persoonlijke valkuilen in reactie op de stressreactie van jullie pleeg- of adoptiekind. Dit was na de uitleg over hoe gevoelens besmettelijk kunnen werken. Mensen zijn erg goed in het imiteren van anderen. Dat komt omdat we daarvoor speciale zenuwcellen hebben in ons brein, spiegelneuronen genaamd. Deze zorgen ervoor dat we bewegingen die we zien – of dit nu een strafschop bij voetbal is of een gezichtsuitdrukking – in ons hoofd nadoen. De spiegelneuronen worden actief wanneer je met aandacht waarneemt wat iemand anders doet, op dezelfde plek in de hersenen als bij degene die de actie daadwerkelijk uitvoert. Een 'actie' kan bewegen of spreken zijn, maar ook een gevoel van de ander. Gevoelens zijn dus besmettelijk. Dat gevoelens besmettelijk zijn, kan soms handig zijn, soms is dit minder gewenst. Een positief voorbeeld: als iemand opgewekt een groot gezelschap binnenstapt, knapt heel de sfeer op. Maar het wordt lastiger bij ingewikkelde of lastig te verdragen gevoelens. Bijvoorbeeld als je kind chagrijnig binnen komt, dan beïnvloedt dat ook je eigen stemming en reageer je iets geprikkelder. Gevoelens werken besmettelijk en vaak weten we niet goed wie de gevoelens het eerst had. Had jij die gevoelens al, of imiteren jouw neuronen de gevoelens van je pleeg- of adoptiekind? Vaak is het handig je af te vragen van wie de negatieve gevoelens zijn.
Die spiegelneuronen doen je niet alleen iemand imiteren, maar maken je ook actiever om iets over te nemen. Dat kan bijvoorbeeld bij een bepaalde handeling: als je

kijkt naar je kind terwijl die probeert zijn veters te strikken. Vaak jeuken je handen dan om het over te nemen.

In de omgang met je pleeg- of adoptiekind zijn er globaal drie valkuilen, die voortkomen uit het gegeven dat gevoelens besmettelijk zijn:

1. Als je pleeg- of adoptiekind gevoelens vermijdt, is het verleidelijk om te denken dat hij/zij dus niets voelt en ervaart bij een situatie waar het door geraakt kan zijn. Je spiegelneuronen kunnen de vermijding imiteren. Een valkuil is mee te gaan in het vermijden en geen aandacht te besteden aan het troosten en kalmeren van je pleeg- of adoptiekind. De volgende keer zal hij/zij dan weer vermijdend en onafhankelijk reageren op nare gebeurtenissen en niet de nodige steun en troost zoeken. Er ontstaat dan een patroon.

2. Als je pleeg- of adoptiekind gevoelens uitvergroot en veel banger, verdrietiger of bozer reageert op situaties dan een gemiddeld kind zou doen, is de verleiding erg groot om ook boos te worden op of in paniek te raken van je pleeg- of adoptiekind. (Let op! Spiegelneuronen!) Dat terwijl het eigenlijk getroost of gekalmeerd moet worden. Of je raakt in paniek van je pleeg- of adoptiekind en hebt niet door dat hij/zij net zo bang is als jij en je hulp en steun nodig heeft om zichzelf weer de baas te worden. Je pleeg- of adoptiekind zal de volgende keer dat het schrikt of boos is, nog sterkere signalen afgeven, waardoor het helemaal niet meer begrepen wordt en vaak niet krijgt wat het zoekt.

3. Als je pleeg- of adoptiekind veel verwarde gevoelens heeft, regelmatig afwezig of buitenproportioneel boos is, kan dat bij jouzelf ook veel verwarring oproepen. Dat is geen fijn gevoel. Veel volwassenen lossen verwarring op door eroverheen te stappen of door de persoon af te wijzen die verwarring veroorzaakt. Bij je pleeg- of adoptiekind zou dit betekenen dat je hem of haar verwijten maakt over het hebben van gevoelens van boosheid of verdriet ('Door jou toedoen kom ik nu te laat!' of 'Je maakt me erg verdrietig'.) Je pleeg- of adoptiekind wordt dan niet geholpen met zijn of haar verwarring, maar vindt juist in het hier en nu, samen met jou, nog meer aanleiding om zich verward te voelen.

Wat denk je: in welke valkuil stappen jullie snel? Negeren van te sterke signalen, of juist minimale signalen over 't hoofd zien of geen stress veronderstellen? Dat kan per ouder verschillen.

Samenwerking en de omgang met de rest van het gezin

In de achterliggende sessies zijn we steeds bezig geweest met jou in relatie tot je nieuwe pleeg- of adoptiekind. Alsof hij of zij de enige is die ertoe doet. Niets is minder waar. Je pleeg- of adoptiekind groeit op in jullie gezin, en zal zich ook tot de anderen moeten verhouden. En jij staat er niet alleen voor, ook de rest van je gezin is betrokken bij je nieuwe pleeg- of adoptiekind.

Hoe is dat in jullie gezin? Voel je betrokkenheid bij elkaar? Of kan dat beter?

_____
_____
_____

Hoe gaan de broertjes/zusjes om met het nieuwe gezinslid?

_____
_____
_____
_____

In welke mate voelen jullie je gesteund in deze taak die je erbij hebt gekregen? Wie/wat zijn de hulptroepen en is dat voldoende?

_____
_____
_____

Hoe is jullie samenwerking onderling als pleeg- of adoptieouders?

_____
_____
_____

Om het allemaal gemakkelijker te maken, hebben we verderop een aantal spelregels voor samenwerking geformuleerd.

Met welke samenwerkingstip zouden jullie je voordeel kunnen doen?

_____
_____
_____

Videoreflectie

Vandaag hebben jullie twee korte fragmenten teruggekeken van de video-opname van samenwerking tussen pleeg- of adoptieouders onderling. Per videofragment is stilgestaan bij de samenwerking, en zijn een kracht en een valkuil besproken.

Spelregels voor het samenwerken met de andere pleeg- of adoptieouder

1. Wees een bron van vertrouwen en een bron van veiligheid voor elkaar.
2. Stem je af op de ander.
3. Als je partner je pleeg- of adoptiekind structuur biedt of een grens stelt, wees dan aanwezig en geef steun. Trek je niet terug, maar bemoei je er ook niet mee en neem het verhaal niet over.
4. Gun ieder zijn of haar eigen conflict of zijn of haar eigen liefdevolle interactie met het pleeg- of adoptiekind.
5. Leer een goede derde te zijn.
6. Overleg regelmatig over je pleeg- of adoptiekind zonder dat het erbij is: deel je observaties, verdeel taken.
7. Stel besluiten uit als je niet zeker bent van de mening van je partner.
8. Praat onderlinge meningsverschillen uit zonder kinderen erbij. Zorg dat je kalm blijft en sluit een compromis.
9. Vertrouwen komt te voet en vertrekt te paard.

Evaluatie en afscheid

Met jullie is stilgestaan bij het afscheid en is besproken of de preventieve interventie voldoende is geweest, of dat er in deze situatie meer nodig is.
Eventueel kun je het besprokene nog nalezen in hoofdstuk 9 van *Er zijn voor je kind*.

Verder lezen voor geïnteresseerden

- Brok, C. & Zeeuw, M. de (2008). *Er zijn voor je kind – hoe ouders emotionele beschikbaarheid kunnen bieden.* Assen: Van Gorcum.
- Doelman, G. (2009). *Pleeg- en adoptieouderschap in de praktijk: werkboek voor de pleegouder.* Barneveld: Uitgeverij Nelissen.
- Hayes, S.C. & Smith, S. (2006). *Uit je hoofd, in het leven – een werkboek voor een waardevol leven met mindfulness en Acceptatie en Commitment Therapie.* Amsterdam: Uitgeverij Nieuwezijds.
- Herschkowitz, N. & Chapman-Herschkowitz, E. (2003). *Breintjes van kleintjes – Ontwikkeling van gedrag en vaardigheden van baby's, peuters en kleuters.* Amsterdam: Uitgeverij Nieuwezijds.
- Huurne, V. ter, Doesum, K. van & Brok, C. (2008). *Het beste voor mij en mijn baby – Zwangerschap en ouderschap bij stress en psychische klachten.* Utrecht: Trimbos-instituut.
- IJzendoorn, M.H. van (2008). *Opvoeding over de grens: Gehechtheid, trauma en veerkracht.* Amsterdam: Boom.
- Instituut voor waarneming en mindfulness, www.aandacht.be
- Klaus, M.H. & Klaus, P.H. (2005). *Je wonderbaarlijke baby – wat een pasgeboren kind al kan.* Amsterdam: Thoeris.
- Powell, B., Cooper, G., Hoffman, K., & Marvin, B. (2013). *The Circle of Security Intervention: Enhancing attachment in early parent-child relationships.* New York, NY: Guilford Press.
- Puddicombe, A. (2011). *Get some Headspace.* Londen: Hodder & Stoughton.
- Riksen-Walraven, M. (1996). *Inspelen op baby's en peuters – ontwikkelingsspelletjes.* Houten: Bohn Stafleu van Loghum.
- Schuengel, C., Slot, W. & Bullens, R. (2003). *Gehechtheid en kinderbescherming.* Amsterdam: SWP.
- Siegel, D., & Bryson, T.P. (2013). *Het hele brein het hele kind – 12 manieren om de ontwikkeling van je kind te stimuleren.* Uitgeverij Scriptum Schiedam, ISBN 9789055942282.
- Verwey, R., & Bakel, H.J.A. (2007). Hongeren naar huidcontact – aanraking bevordert neuroendocriene ontwikkeling van baby's. *Medisch contact* 62, 31-32.

Over de auteurs

Drs. Marilene de Zeeuw is klinisch psycholoog / psychotherapeut en cognitief gedragstherapeut. Ze is lid-specialist van DAIMH (Dutch Association for Infant Mental Health). Zij is werkzaam bij het Specialistisch Centrum Infant Mental Health van Dimence te Deventer en is behandelcoördinator bij het KIDZ Expertiseteam van Dimence Jeugd ggz. Zij is daarnaast hoofddocent Infancy aan de landelijke opleiding tot Klinisch Psycholoog Kinder & Jeugd te Utrecht en geeft les over gehechtheid bij regionale opleidingen tot GZ-psycholoog Kinder & Jeugd. Zij verzorgt en ontwikkelt diverse deskundigheidsbevorderingen van interventies, waaronder de Deventer Ouder Kind Interventie, Url & Uk in de wolken – brainbased online module voor moderne ouders met een kind met emotionele buien en de Pleegouder – Pleegkind Interventie, die sinds het uitkomen van het huidige protocol 'preventieve interventie voor pleeg- en adoptieouders bij jonge kinderen met een problematische gehechtheid' (PIPA) is gaan heten. Marilene heeft zich gespecialiseerd in de diagnostiek, behandeling en onderzoek op het gebied van jonge ouder-kindrelaties / gehechtheid, ouders met psychiatrische problemen en jongeren met emotieregulatieproblemen en trauma.

Carla Brok is Sociaal Psychiatrisch Verpleegkundige + Voortgezette Opleiding contextueel werken. Ze is werkzaam bij het Specialistisch Centrum Infant Mental Health van de Dimence Groep te Deventer. Ze geeft veel gastcolleges over ouderschap en psychiatrie aan professionals, verzorgt trainingen binnen de behandeling Zwanger en dan? (voor aanstaande moeders met psychiatrische problemen), en is trainer mindfulness en mindful parenting. Ze verzorgt en ontwikkelt diverse deskundigheidsbevorderingen van interventies waaronder de Ouder-baby interventie, de Deventer Ouder Kind Interventie, Url & Uk in de Wolken – brainbased online module voor moderne ouders met een kind met emotionele buien en de Pleegouder – Pleegkind Interventie, die sinds het uitkomen van dit protocol 'preventieve interventie voor pleeg- en adoptieouders bij jonge kinderen met een problematische gehechtheid' (PIPA) is gaan heten. Carla heeft zich gespecialiseerd in ouderschap en de vorming van de relatie met het jonge kind, waarbij het ouder-zijn bemoeilijkt wordt door de aanwezigheid van problematiek bij de ouder en/of bij het kind. In 2008 is het door Carla en Marilene geschreven en voor ouders geschikte boek *Er zijn voor je kind* uitgegeven, dat gaat over emotioneel beschikbaar zijn voor je kind.

Drs. *Hans van Andel* is als kinder- en jeugdpsychiater werkzaam bij Dimence Jeugd ggz en het Specialistisch Centrum Infant Mental Health van de Dimence Groep te Deventer. Hij is lid-specialist van DAIMH (Dutch Association for Infant Mental Health) en opleider aandachtsgebied kinder- en jeugdpsychiatrie van de Dimence Groep. In 2007 ontstond het idee om samen met collega's Carla Brok en Marilene de Zeeuw een interventie te bedenken met als doel om jonge pleegkinderen te helpen zich veilig te gaan voelen in de relatie met hun pleegouders. De aanleiding was tweeledig: in zijn werk als kinder- en jeugdpsychiater en als consulent kinder- en jeugdpsychiatrie binnen Justitiële Jeugd Inrichtingen (JJI's) was hem opgevallen dat er veel kinderen met als achtergrond o.a. pleegzorg met justitie in aanraking waren gekomen. Onderzoek van deze kinderen liet zien dat er meestal sprake was van onveilige gehechtheid. Tevens bleek dat vele van deze kinderen een psychische stoornis ontwikkeld hadden, maar hier was nauwelijks aandacht voor geweest. Gekoppeld aan de ontwikkeling van de Pleegouder – Pleegkind Interventie (PPI) ontstond ook de mogelijkheid om deze wetenschappelijk te onderzoeken op haar werkzaamheid. Binnen pleegzorg is er toenemende aandacht voor de onderbouwing van interventies. Hans hoopt in de loop van 2015 te promoveren op het bewijs van de werkzaamheid van de interventie.

Tabel Overzicht sessies, thema's, agenda, middelen, huiswerkopdrachten en geleerde vaardigheden

Sessie	1	2	3	4	5	6	7
Thema	Kennismaken en video-opname	Wie is mijn pleeg- of adoptiekind?	Hoe kun je veilig zijn voor je pleeg- of adoptiekind?	Troosten bij woedebuien en afwezigheid	Omgaan met signalen van onveiligheid en trauma	Hoe kan ik vertrouwen geven?	De rest van het gezin en je eigen valkuilen
Agenda	1. Kennismaking 2. Uitleg Doel van de PIPA 3. Uitleg Werkwijze PIPA 4. Video-opname 5. Huiswerk	1. Huiswerk vorige keer 2. Uitleg Observeren 3. Uitleg Acceptatie van gevoelens 4. Videoreflectie 5. Huiswerk	1. Huiswerk vorige keer 2. Uitleg Aandachtig zijn 3. Oefening van de aandacht 4. Videoreflectie 5. Voorbespreking video-opname in sessie 4 6. Huiswerk	1. Huiswerk vorige keer 2. Uitleg Kalmeren 3. Uitleg Repareren 4. Oefening van de aandacht 5. Video-opname 6. Huiswerk	1. Huiswerk vorige keer 2. Uitleg Gevolgen van onveiligheid 3. Uitleg De onafhankelijke, overafhankelijke of gedesorganiseerde reactie 4. Videoreflectie 5. Huiswerk	1. Huiswerk vorige keer 2. Uitleg Cirkel van Veiligheid en Vertrouwen 3. Uitleg Helpen en Opletten 4. Videoreflectie 5. Huiswerk	1. Huiswerk vorige keer 2. Uitleg Valkuilen voor pleeg- en adoptieouders 3. Uitleg Samenwerking en de rest van het gezin 4. Videoreflectie 5. Evaluatie en afscheid
Middel	Video-opname van 1 of 2 ouder-kind-dyades	Gesprek Videoreflectie 1e opname: 2 positieve relatiemomenten	Gesprek Oefening van de aandacht Videoreflectie 1e opname: 2 situaties van lichte stress	Gesprek Oefening van de aandacht Video-opname op stressmoment of in ongestructureerde situatie	Gesprek Videoreflectie 2e opname: signalen van onveiligheid of stress	Gesprek Videoreflectie 2e opname: Bron van Veiligheid en Vertrouwen	Gesprek Videoreflectie 2e opname: samenwerking pleeg- en adoptieouders onderling, kracht en valkuil van pleegouder
Huiswerk-opdrachten	- Lezen H1 en H2 van *Er zijn voor je kind*	- Lezen H3 en H4 - Observatie-opdracht: gedrag van kind - Praktische opdracht: accepteren van gevoelens	- Lezen H7 - Oefening van de aandacht - Observatie-opdracht: gedrag van kind en eigen reactie - Praktische opdracht: accepteren van gevoelens	- Lezen H5 - Oefening van de aandacht - Observatieopdracht: kalmeren en repareren	- Lezen H6 - Observatieopdracht: onafhankelijk, overafward reageren - Oefening van de aandacht - Praktische opdrachten: tips uitvoeren onafhankelijk/overafhankelijk reageren	- Lezen H8 - Observatie opdracht: Helpen en Opletten - Praktische opdracht: Waarden in het pleeg- en adoptieouderschap - Praktische opdracht: samen lezen - Oefening van de aandacht: samen Mandala kleuren	- Lezen H9
Geleerde vaardigheid		Oberveren en Accepteren van gevoelens	Aandachtig zijn	Kalmeren en Repareren	Omgaan met signalen van onveiligheid en trauma, en deze observeren	Helpen en Opletten	Samenwerken

If you have any concerns about our products,
you can contact us on
ProductSafety@springernature.com

In case Publisher is established outside the EU,
the EU authorized representative is:
**Springer Nature Customer Service Center GmbH
Europaplatz 3, 69115 Heidelberg, Germany**

Printed by Libri Plureos GmbH
in Hamburg, Germany